新华社会
管理译丛

# 对我们生活的误测

Mismeasuring Our Lives: Why GDP Doesn't Add Up

## 为什么GDP增长不等于社会进步

（美国）约瑟夫·E. 斯蒂格利茨

（印度）阿马蒂亚·森

（法国）让-保罗·菲图西　著

阮江平　王海昉　译

新华出版社

图书在版编目（CIP）数据

对我们生活的误测：为什么GDP增长不等于社会进步/（美）斯蒂格利茨等著；
阮江平，王海昉译.——北京：新华出版社，2010.12
ISBN 978-7-5011-9496-4

Ⅰ.①对… Ⅱ.①斯… ②阮… ③王… Ⅲ.①国民经济计算体系—研究 Ⅳ.①F222.33

中国版本图书馆CIP数据核字（2010）第239082号
著作权合同登记号：01-2010-636

Mismeasuring Our Lives

**对我们生活的误测：为什么GDP增长不等于社会进步**

作　　者：（美）约瑟夫·E.斯蒂格利茨（印度）阿马蒂亚·森（法）让-保罗·菲图西
译　　者：阮江平　王海昉
责任编辑：黄绪国
出版发行：新华出版社
地　　址：北京石景山区京原路8号
网　　址：http://www.xinhuapub.com　http://press.xinhuanet.com
邮　　编：100040
经　　销：新华书店
印　　刷：河北省高碑店市鑫宏源印刷包装有限责任公司
开　　本：710mm×1000mm　1/16
印　　张：12.75
字　　数：160千字
版　　次：2011年1月第一版
印　　次：2011 年 5 月第十一次印刷
书　　号：ISBN 978-7-5011-9496-4
定　　价：35.00元

**温馨提示：** 本社"新华版短信书友会"新书直订　发短信至：13651277005
　　　　　　本社图书策划中心诚征品位畅销选题　发邮件至：xhchzx@163.com

　　　　购书热线：010-63077122　中国新闻书店购书热线：010-63072012
　　　　图书如有印装问题请与出版社联系调换：010-63073969

# 经济表现和社会进步衡量委员会的其他成员和报告起草人

## 其他成员

比纳·阿加瓦尔　　　　　德里大学
Bina Agarwal

安东尼·B.阿特金森　　　纳菲尔德学院
Anthony B.Atkinson

弗朗索瓦·布吉尼翁　　　巴黎经济学院
Francois Bourguignon

让—菲利普·科蒂　　　　法国全国统计和经济研究所(INSEE)
Jean-Philippe Cotis

安格斯·S.迪顿　　　　　普林斯顿大学
Angus S. Deaton

凯末尔·德尔维什　　　　联合国人口司（UNPD）
Kemal Dervis

马克·弗勒尔巴伊　　　　巴黎第五大学
Marc Fleurbaey

南希·福尔布雷      马萨诸塞大学

Nancy Folbre

让·加德雷      里尔大学

Jean Gadrey

恩里科·吉奥瓦尼尼      经济合作与发展组织（OECD）

Enrico Giovannini

罗歇·盖内里      法兰西学院

Roger Guesnerie

詹姆斯·J. 赫克曼      芝加哥大学

James J. Heckman

杰弗里·希尔      哥伦比亚大学

Geoffrey Heal

克劳德·亨利      巴黎政治学院/哥伦比亚大学

Claude Henry

丹尼尔·卡内曼      普林斯顿大学

Daniel Kahneman

艾伦·B. 克鲁格      普林斯顿大学

Alan B. Krueger

安德鲁·J. 奥斯瓦尔德      沃里克大学

Andrew J. Oswald

罗伯特·D. 帕特南      哈佛大学

Robert D. Putnam

尼克·斯特恩　　　　伦敦经济政治学院
Nick Stern

凯斯·桑斯坦　　　　芝加哥大学
Cass Sunstein

菲利普·韦尔　　　　巴黎政治学院
Philippe Weil

## 报告起草人

让–艾蒂安·沙普龙　　　　INSEE
Jean−Etienne Chapron

## 一般报告起草人

迪迪埃·布朗谢　　　　INSEE
Didier Blanchet

雅克·勒卡舍　　　　法国经济研究所（OFCE）
Jacques Le Lacheux

马尔科·米拉·德尔科莱　　　　OCDE
Marco Mire D'ercole

皮埃尔–阿兰·皮奥尼耶　　　　INSEE
Pierre−Alain Pionnier

洛朗斯·里乌                    INSEE/CREST
Laurence Rioux

保罗·施赖尔                    OECD
Paul Schreyer

格扎维埃·坦博                  OFCE
Xavier Timbeau

文森特·马库斯                  INSEE
Vicent Marcus

# 目 录
**Contents**

# Contents

# 序
**Foreword**

尼古拉·萨科齐

　　我坚信，除非我们改变衡量经济表现的方法，否则我们不会改变自身的行为。

　　如果我们不希望我们、我们的孩子和我们孩子的孩子的未来充满金融、经济、社会和环境灾难——它们最终将是人类的灾难，那么我们就必须改变我们生活、消费和生产的方式。我们必须改变决定我们的社会组织和我们的公共政策的准则。

　　一场艰巨的革命等待着我们——我们完全能感觉到。

　　这场革命只有首先是一场我们头脑的革命，一场我们的思维方式、思想倾向和价值观的革命，才能是完全彻底的。

## 对我们生活的误测

如果不深入挑战我们陈述我们事业的后果、行为的结果的方式，那么这样一场革命是难以想象的。

如果我们将约瑟夫·斯蒂格利茨领导的委员会提出的关键方法应用于过去20或30年，这会导致我们改变对我们的选择的后果的评价；如果最终证明我们的模式是不恰当的；如果最终证明我们的表现是糟糕的，那么显而易见需要做出改变。

但是如果我们仍然相信，我们在这些年取得了真正的持续的进步，那么为何还要改变？

我们的统计数字和账目反映我们的渴望、我们赋予事物的价值。它们与我们对世界和经济的看法、对社会的看法以及我们对人类和我们相互关系的看法是分不开的。把这些视做客观的数据——就好像是我们外在的、无可置疑和反驳的东西——无疑令人安心和舒服，但却是危险的。之所以危险是因为我们到了不再自问我们的行动是为了什么、我们究竟要衡量什么和我们需要汲取什么教训的地步。

这就是我们的头脑如何开始封闭的，留下一种不给人质疑余地的教条主义方式。

这就是我们如何开始盲目地前行，却还确信我们知道要去往何方。

这就是我们如何开始在专家——他们对自己的学识胸有成竹，和民众——他们的生活经历与数据显示的情况完全不一致，之间造成互不理解的鸿沟。这是一条危险的鸿沟，因为民众最后会认为，他们被欺骗了。这是对民主的最大破坏。

在世界各地，人们认为他们听到的是谎话，数字是虚假的，他们被利用……。他们完全有理由这样认为。多年以来，那些生活得越来越困难的人被告知他们的生活水平在提高。他们怎么能不觉得被欺骗了？

多年以来，人们被告知金融是推动增长的强大发动机，不料却在某一天发现，它积累了如此巨大的危险，以致让世界陷入混乱。难道还会有人不理解那些失去家、工作、养老金的人为什么有被骗的感觉吗？

多年以来，统计数字把日益强劲的经济增长描述为成功地战胜了供应不足，直至人们发现，这种增长威胁着地球的未来，而且它破坏的东西超过它创造的东西。我们现在要求人们努力、奉献和改变生活方式，否则就太晚了。他们觉得被骗了，这奇怪吗？

问题不是有谁要故意欺骗，因为不管是为GDP和价格指数的重要性做辩护的统计人员还是相信"公平价值"是衡量资产价值的最佳标准的财会人员都没有说谎。

问题源于，我们的世界、我们的社会和我们的经济发生了改变，而衡量标准没有同步改变。问题源于，最终，甚至在我们没有意识到的情况下，我们用这些统计数字和账目证明它们没有证明和不能证明的事情。我们不知不觉地把我们对财富的描述误解为财富本身，把对现实的描述误解为现实本身。可是，现实总是最终掌握着决定权。

我们抱着错误的观点，却在很长一段时间内没有为供应不足和风险付出真正的代价。这种情况是有可能的。可是这种真正的代价迟早是要付出的。到那时，账单要沉重许多，因为以这些错误的经济核算结果为基础的行为加重了供应不足和风险。

这就是我们发现我们当前所处的状况。

我们形成了一种对数据的崇拜，我们眼下也为数据所包围。我们开始逐渐了解自身行为的巨大后果。

带着所有这些想法，在2008年2月，我委托约瑟夫·斯蒂格利茨、阿马蒂亚·森和让—保罗·菲图西建立一个由世界一流专家组成的委员会。为了扭转我们面临的形势，我们必须打破陈旧的思维方式。最终要发起一场讨论。这场讨论必须在最高的专业知识层面上展开，而且必须是全球性的。

委员会成员就是本着这种精神挑选的，他们也是本着这种精神开展工作的。这些成员把他们的时间、智慧和学识奉献给这项任务。他们在18个月内取得了非凡的成果。如今，已经在国际层面上发起了一场集体讨论。而且这场讨论将不断进行下去。

我要特别感谢约瑟夫·斯蒂格利茨、阿马蒂亚·森和让—保罗·菲图西。没有他们，我们将一事无成。由于他们的声望、威信和能力，我们才得以把如此众多的专业知识会聚起来。

这个委员会将带来改变。

这份报告将带来改变。

形势的发展确保了这份报告在一个决定性的时刻出台。这场危机不仅使我们自由地设想其他模式、另一种未来和另一个世界，它还迫使我们这样做。

原本是不可能在一个相信它正朝着正确的方向前进的确定世界中发起这场讨论的。这份报告原本最多局限于学术界、局限于专家之间的讨论。或许会决定改变少数指数。或许会在少数细节上有进步。但是，在衡量事物的方法和看待数据的方法上是不会有改变的。我们原本不会被迫讨论我们的总体描述和我们行动的目的。

这表明，在当前形势下，这份报告不仅在学术上是重要的，在政治上也是重要的。它涉及的问题不仅与经济学家、统计人员和会计人员有关，还与政治有关。

法国将安排在一切与构建新的全球经济、社会和环境秩序相关的国际会议、会晤和磋商中讨论这份报告的结论。法国将努力让所有国际组织按照委员会的建议修改他们的统计方法。法国将建议其他欧洲国家贯彻这些建议，从而做出表率。法国将相应地修改本国的统计方法，并把对这份报告的研究纳入法国所有公务员培训机构的课程。

假如在某一时刻，世界上所有身负要职的人研究了这份报告，并使自己与主流的统计和核算模式产生了决定性的最小距离，那么我们就再也不会像今天这样做决定了，世界也将发生彻底改变。

我们没有时间等待思想倾向缓慢转变，也没有时间等待有越来越多的领导人、科学家和专家逐渐醒悟，然后期待在某一天收到效果。

在2008年2月，我感到急需摒弃那些根深蒂固于我们所有人的思想和行动中，并让我们自己骗自己的固定想法和教条。我感到急需停止对所有那些吐露他们的麻烦、困难、痛苦、疑问和焦虑的人们说："你们错了，我们的统计数据证明情况不是这样的。"我感到急需消除这种损害民主的充耳不闻式的对话。

在约瑟夫·斯蒂格利茨、阿马蒂亚·森和让—保罗·菲图西交给我的委员会工作评估报告中，我注意到这样一句话："虽然平均GDP在增长，但是多数人可能感觉自己的境况变糟了，造成这一情况的原因之一是，他们的境况的确变糟了。"为了让我们的头脑变得清楚，为了让公开讨论回归到真理的基础之上，为了改变我们与真理的关系，我们的一些最有声望的经济学家如此直言不讳是绝对必要的。确实长期存在一个我们计算什么和如何利用计算结果的问题。专家们早就认识到了这个问题，而且早就在讨论这个问题。然而这种讨论没有带来任何改变，没有产生任何影响。我们明知我们的指标有缺陷，却还继续使用这些指标，就好像它们没有缺陷一样。它们使交流变得容易。最重要的是，这些指标是我们对经济和社会的看法以及传播到世界各地的一种意识形态的重要组成部分；质疑这些看法和意识形态似乎太肆无忌惮，以至人们连想都没有想过要这样做。我们倾向于等着矛盾和绝路自己显现出来。这一天已经到来。可是，正如我们都知道的，胜利远不是一个预料之中的结论。

知识、道德和政治斗争已经在那些因为无法改变思维方式或者出于私利而希望一切回到从前的人和那些相信再也不能和从前一样而且必须尽快做出改变的人之间展开。

法国已经选定了阵营。它将是一股提出建议和改变的力量。所有在处理世界事务中发挥作用的人都肩负着历史的责任。

明天的世界不会再和危机前一样了，因为顽固的思想倾向已经被打破，再也不能封闭了。

明天的世界将不一样了，因为在各个地方，人们的心态都在改变，而且将不断地改变。

今后，不公、不当和愚蠢的行为不再是可以容忍的，也不会被容忍。

还不能确定，我们是在常识的指导下得以更快和协力实现这种改变，还是要等待新的灾难迫使我们实现我们无法主动做出的改变。

在我们所处的历史时期，政治家不能满足于充当管理者、不能只满足于应对当前的经济状况和协助改变。

他们必须发起改变，促进改变，确定改变的目标。

政治是集体事业，是与一切形式的决定论和宿命论作斗争的人类意志。它是我们都拥有的共同选择我们命运的自由。

形势紧迫。

在我们所处的时代，我们确信的事情被击得粉碎，我们传统的思维方式显得无能为力，一切都需要重建和彻底改造。在我们所处的时代，首要的政治问题是我们希望在何种发展模式、何种社会和文明模式下生活，我们希望把何种发展模式、何种社会和文明模式留给我们的孩子。

在经历了这么多过分的行为和错误之后，在面对当前如此严重的危机之时，在世界已经如此接近深渊之时，构建"文明政治"并不是一个脱离实际的问题，不是一个与眼前的困难无关、无须现在就考虑的问题。它是一个需要立即回答的迫在眉睫的问题，因为我们现在就需要改变轨道。面对所有这些困难，我们无法满足于过一天算一天而不作长远打算；仅靠特别的解决办法是无法让我们摆脱危机的。

我们必须知道我们要往何处去和追求什么目标。

委员会在考虑质和量、主观和客观、市场和非市场部门的关系时，显然在思考我们建立的、被我们叫做文明的概念，思考我们将用来判断我们所获成就的基础。

如果在我们对世界的表述中，人们在家庭中实施的服务与我们能从市场上获得的服务相比没有价值，那么我们就在表达一种家庭再也不那么重要的文明观点。谁能以为这不重要？

如果休闲活动没有计算价值，因为它基本上充满了运动和文化之类的非市场行为，那么这意味着，我们把高生产力的标准置于实现人类潜力的标准之上，这有悖于我们宣称的人文主义价值观。谁能以为这不重要？

如果没有很好地养护交通基础设施，导致事故增加和维修费增加，甚至导致医疗费增加，但却使产量增加了；如果我们认为那些拉大了家和工作之间的距离，并且加大了不安全性和排斥性的行为是对进步的积极贡献；如果精神紧张、压力和焦虑日益严重，给社会造成损害，还把为对抗它们的影响而投入的越来越多的资源包括在经济增长之中——如果我们做了所有这些事情，那么，我们进步的概念究竟还剩下什么？

如果我们在核算中不考虑公共服务质量的价值；如果我们仍然拘泥于一种只包括创造了什么而不包括毁坏了什么的经济发展指数；如果我们只看GDP——它在发生地震、火灾或环境灾难时就会增长；如果我们不把生产过程中的消耗从产出中扣除出去；如果我们不把未来规划包括在内；如果我们不考虑创新将加速资本贬值——那怎么能指望我们知道我们现在到底在做什么和勇敢地面对我们的责任？

我们构建的文明取决于我们的核算方法，这完全是因为它将改变我们赋予事物的价值。而且我不光指市场价值。

我们的衡量方法使金融交易成为一种高附加值的行为。可是建立金融交易只是为了管理人为风险，而且金融交易会导致风险增加。如果金融交易造成了它声称要防止的动荡局势，那么这种服务对社会的价值在哪里？

如果我们的衡量方法过高估计投机较之于工作、企业家能力和创造性才智对社会的作用，那么这就会使我们的进步观点所依赖的价值体系发生危险的倒退，并把一种最终只会造成资本主义毁灭的矛盾引入资本主义的核心。

我们的衡量方法使我们的论证建立在平均数的基础之上。可是，如果我们继续用平均数进行论证，那么我们就将根据越来越与实际生活脱节的数据打造我们的信念和做决定。平均水平的个体是不存在的，而且不平等加剧将使平均数更加远离实际生活经历，因为谈论平均数是一种避免谈论不公平的方法。

在数据崇拜的背后，在我们所有的统计和核算结果背后，是对永远正确的市场的崇拜。存在这样一种观点，即市场能够解决一切问题，并且能够确定一切东西的真实价格。

如果市场能解决一切问题，那么我们应该知道；如果市场永远是正确的，那么它应该是显而易见的。

有不完善的市场，也有不完美的市场。

市场并未让我们感到它是重要的、它有责任感、它有计划有眼力——金融市场更是没有让我们感到这些。

我们不知道某项资产的价值，因为市场随时都在改变它的价格。事实刚好相反。

供需定律必须能够得到体现。

市场向我们提供有价值的信息。但是社会事业和文明事业的建设不能只以市场为基础。文明事业是集体的意志和长期集体努力的成果。它不是瞬时供需矛盾的产物。

如果只是建立碳市场的供需平衡，那我们解决不了全球变暖的问题。我们也不是通过建立投机市场的平衡来设法控制经济和金融风险的。

我们不能只专注于市场提供给我们的数据。如果你在行动上表现得好像市场是一切事实的来源，那你最后就会真的这么认为。然而，如果这一想法是正确的，那我们就不可能处在现在这种状况。我们正在让市场和统计数字说明它们不能说明的事情。

我坚信，从现在开始，状况再也不可能是这样了。

这份报告没有告诉我们真理在哪里，但它的确告诉我们如何去寻找真理。它敦促所有人勇敢地面对自己的责任、采用不同的论证方法和做出不同的决定。这份报告没有简单地用一种统计方法取代另一种——这也是让这份报告如此充分和重要的原因。它粉碎的恰恰是教条主义观念。它让我们摆脱了禁锢我们的可悲观点，即因为只有一种看待事物的方法，所以就不需要做更多决定。

这份报告解放了我们的思想。

机不可失，时不再来。

唯一能拯救我们的是，解放我们的思想，由此增强力量，做出必要的改变。

唯一能拯救我们的是，解放我们的思想，由此使我们摆脱因循守旧、保守主义和眼前利益。

这份报告无疑有助于这种努力。

# 前 言
## Preface

约瑟夫·E.斯蒂格利茨

阿马蒂亚·森

让—保罗·菲图西

2010年1月

在一个日益以业绩为导向的社会中，衡量标准关系重大。我们衡量什么影响我们做什么。如果我们的衡量标准有误，那么我们奋力争取的东西也将是错误的。为追求GDP增长，我们可能最终造成一个国民生活状况更糟的社会。

太多时候，我们混淆了目的和手段。在危机发生前的岁月里，我们的经济遭到的批评之一就是混淆了目的和手段——金融部门是让经济更加富有成效的手段，而它本身并非目的。更糟糕的是，混淆幸福衡量标准的改善与幸福本身的改善。我们的经济应该让我们更幸福，而经济本身同样不是目的。

这个国际委员会的目标是，使衡量幸福的标准与真正有助于生活质量的因素更加一致，由此帮助我们所有人致力于那些真正重要的事情。

委员会由法兰西共和国总统尼古拉·萨科齐在2008年初委任，起因是人们越来越关心当前衡量经济表现的标准，尤其是那些以GDP数字为基础的衡量标准是否恰当；人们还更广泛地关心这些数字作为衡量社会幸福以及作为衡量经济、环境和社会可持续性的标准是否合适。

委员会的任务是研究所有问题，而且在开展工作时被赋予完全的独立性。委员会由一批国际专家组成，他们因在各个领域的专长而入选。委员会的目标是，确定GDP作为一个经济表现和社会进步指标的局限性，研究更加确切地描述情况所需的额外信息，讨论如何以最恰当的方式呈现这一信息和评估其他衡量手段的可行性。委员会的工作不止限于法国和发达国家。我们希望，委员会的成果能为所有相关国家或者一组国家提供一个模板，并激励全世界进一步研究和讨论这些问题。

委员会主席由美国哥伦比亚大学教授约瑟夫·E.斯蒂格利茨担任，美国哈佛大学教授阿马蒂亚·森担任主席顾问，法国巴黎政治学院教授、法国经济研究所（OFCE）所长让－保罗·菲图西担任委员会协调员。委员会成员由来自几个国家（美国、法国、英国和印度）的大学、政府和政府间组织的专家组成。报告起草人和秘书由法国全国统计和经济研究所（INSEE）、OFCE和经合组织（OECD）提供。在本书的前面列出了完整的委员名单。

委员会的最终报告于2009年9月4日萨科齐总统主持的一次研讨会上发布。委员会成员、一些国际组织的领导人和法国的几位部长在会上发表了评论，包括OECD秘书长安赫尔·古里亚、国际劳工局局长胡安·索马维亚、欧盟委员会副主席雅克·巴罗、法国经济、财政与就业部长克里斯蒂娜·拉加德、法国国务秘书兼负责环保技术和气候变化谈判的生态、能源、可持续发展和海洋部长尚塔尔·茹阿诺。国际货币基金组织和世界银行也派高级代表参加了研讨会。

**国民收入核算由专业人员关注的事情变成公众讨论的话题**

不难理解一批一直是专业人员关注的事情为何突然变成了公共政策讨论的话题。设法理解什么有助于社会有良好表现是社会科学的中心问题。我们通过一系列透镜观察世界，而这些透镜不仅由我们的意识形态和观念决定，还由我们用以衡量发展状况的统计数字决定，而后者往往是与前者相关联的。人均GDP是一个普遍使用的衡量标准。如果政府能报告说人均GDP增长了，比如5%，那它们就感到高兴。可是，其他的数字可能呈现一种非常不同的情形。在俄罗斯，虽然人均GDP逐渐增长，但是预期寿命逐渐下降这一情况表明，存在一些潜在的问题。美国也一样。从1999年到2008年，虽然人均GDP不断增长，但是大多数人发现，在将通货膨胀计算在内后，他们的收入减少了。这呈现了一个迥然不同的经济表现状况。如果在收入增加的同时，收入不平等也加剧，那么就可能出现这种不一致。

## 衡量标准决定我们的观点和推论

我们构筑的理论、我们检验的假设和我们持有的观点都由我们的衡量标准系统决定。社会学家经常轻率地把容易得到的数字，比如GDP，用作他们实证模型的基础，而不充分探究这些衡量标准的局限性和偏颇。有缺陷和偏颇的统计数字可能导致我们做出错误的推论。在这一次金融危机发生前的几年里，许多关注较高GDP增长率的欧洲人士提出，他们应当遵循美国模式。如果他们关注其他衡量标准（比如中位数收入）或者根据美国家庭和整个国家负债增加这一情况——造成不可持续性的风险——做出适当的校正，那么他们可能就不那么积极了。

经济学家不可避免地试图通过在不同时期和不同国家之间作比较来推断政策是否令人满意。可是如果所采用的衡量标准有缺点，那么就有可能做出偏颇、歪曲和有缺陷的推论。我们担心，如果，比如说在公共部门的产出中存在系统性衡量错误，那么就大的公共部门对总体经济表现的影响所做的推论就可能出现偏差，这完全是因为部门规模越大，偏差就越大。大量进行这种"跨国"比较的实践工作大多对这些局限性不够敏感。

## 衡量标准和政策

对于一名政治领导人来说，这些不仅是学术问题。有缺陷的推论影响经济政策。忽视环境（空气、水和噪音污染）的衡量标准不会足够重视对许多国民来说至关重要而且越来越重要的事情。政治领导人忽视这些问题是危险的。

努力实现国民愿望和让国民更加幸福的政治领导人会被拉向不同的方向：人们将根据经济表现给他打分，尽管经济表现在很大程度上不受其控制。但是国民还关心生活质量的众多维度——包括环境质量。目前的衡量标准意味着，可能非此即彼——我们只能通过牺牲增长来改善环境。可是如果我们具有一个衡量幸福的综合标准，那么我们或许就会看到这是一种错误的选择；如果环境改善了，那么这一衡量标准会显示人们更加幸福，尽管用传统方法衡量的产出降低了。

委员会的工作让民间团体如此感兴趣也是出于同样的原因。

### 统计数字和信息理论

在现代生活中，几乎所有的决定都受到我们的统计数字和核算框架的影响。斯蒂格利茨多年研究的重点是信息如何影响经济和政治决定。我们通过一个框架来观察和分析世界，正如我们所注意到的，我们的统计和核算系统构成了这个框架的一个重要组成部分。它们是我们的"信息"系统的关键组成部分。

那些看起来与个人感觉不同步的衡量标准尤其令人怀疑。如果GDP在增长，但多数人却感觉他们的境况在变糟，那么他们就可能担心政府在统计数字上造假，目的是希望通过告诉人们他们境况变好了，他们就会觉得自己境况变好了。在这些情况下，对政府的信任下降了，而随着人们对政府信任的下降，政府处理对公众至关重要事务的能力将被削弱。

虽然这些公共政策问题在一定程度上推动了委员会的工作，但委员们在行动之初就决定，他们将只关注我们的统计系统本身，不会把工作扩展到一种更好的统计系统可能带来的政策含意。在某些情况下，这些政策含意显而易见，委员会成员将很容易形成共识。在其他情况下，人们通过判断可能形成不同的政策立场。

不同寻常的是，委员会成员在这些改革我们统计系统的问题上意见高度一致。

### 为何要在当前重新考虑衡量标准？

GDP统计数字上的许多问题是众所周知的。不过，有几个因素赋予我们委员会的工作特别重要的意义。我们的社会和我们的经济结构发生了一些变化，使GDP核算上的局限性变得更加重要。我们已经提到了一个：如果不平等加剧，就像在世界各地的许多国家即便不是大多数国家出现的那样，那么平均收入和中位数收入（代表性个人收入）之间的差距可能变大；一个可能增加，另一个可能减少。

衡量政府提供的非市场服务所存在的问题是众所周知的。但是在经合组织成员国中，政府支出比例（平均起来）一直在增长，在过去50年已经从25％左右升至45％以上，因此这些问题变得越来越重要。

对提高质量的重要性进行定量分析显然要比计算，比方说，小汽车数量增加了多少要困难。可是，提高质量变得越来越重要。如果每家有一辆车，那么"汽车服务"消费的增加将体现为车的质量更好，而非车的数量更多。可是随后，我们必须找到办法衡量这些质量上的差异。在我们要衡量服务增长时，这尤其困难。

全球化本身已经意味着，一个国家国民的幸福可能与这个国家的产出有明显的差异。具有讽刺意味的是，就在全球化本身正在使这种差异变得更加重要时，专注于前者的衡量标准——国民生产总值（GNP）变得不时兴了，让位于关注产量的GDP。显然，这种差异具有政治重要性。

如果把全球化以及环境和资源可持续性的问题合在一起，那么GDP的衡量标准可能尤其具有误导性。如果某个发展中国家出售一个造成污染的采矿公司，这家公司开采权使用费低廉但没有充分的环保规定，那么这个国家的GDP可能增长，但人们的幸福可能降低。

人们还担心，在世界面对全球变暖的危机时，专注于GDP的物质方面可能尤其不合适。在我们衡量表现时，如果一个国家决定以休闲而非只是消费越来越多商品的方式来享受知识进步带来的生产力提高的成果，那么我们要"惩罚"这个国家吗？

### 这场危机是一个合适的时机

萨科齐总统选择在此时采取行动尤其合适，这有几个原因。一个原因就是这场危机，它刚好是在我们开始工作时席卷了世界。

委员会是在经济衰退发生前成立的；而委员会所开展的科学工作——反映当前对衡量经济表现和社会进步的潜在问题的研究——并未受到危机的影响。不过，特别是对委员会的一些成员来说，这场危机提高了委员会工作的重要性和相关性，也突出了委员会一直在设法解决的某些问题。甚至在危机之前，委员会成员就已经表达了一个观点，即要用一套合适的衡量标准反映经济和环境可持续性。显然，GDP本身没有做到这一点。同样，在危机之前，委员会成员就表达了对恰当利用市场价格，尤其是恰当利用市场价格来评估长期可持续性的关注。这两个问题的重要性都在这场危机中展现出来。一些国家在危机之前看似强劲的表现（如GDP所显示的）是不可持续的，而且是建立在夸大利润和产出的"泡沫"价格基础之上的。

### 研究进展

虽然在我们的经济和社会中发生的变化，包括那些我们之前间接提到的那些变化，造成一种感觉，即老的衡量标准可能越来越不完善，尤其是作为衡量幸福的标准，但是遍布众多学科的研究进展使我们目前能够建立更广泛和涵盖面更广的标准来衡量幸福。这其中的某些方面在传统的统计数字中有反映，但获得了更多关注；失业对幸福的影响远远超出丧失收入这一点。

还有一个原因说明委员会选择了一个合适的时间。传统衡量标准遭到了来自众多方面，包括民间团体的批评。我们经济结构中的变化令人质疑在过去做出的一些假设是否依然合适。全球变暖已经把可持续性的问题推到最突出的位置上。

对其中的一些问题可能有客观的衡量标准，但是对有些问题，可重复的主观评估可能是最好的衡量方法。例如，个人可能受到自身安全感和与他人关系的影响。但是，即便是看似非经济的因素也受到经济结构的影响。在工作场所的改革可以提高市场效率，但可能造成工作者对工作的满意度下降，由此造成他们的幸福感下降。最近几年的一些经济改革或许推高了GDP，但是可能对生活质量的一些重要方面造成了负面影响。例如，对全球化（在全球化方式上）的批评之一是，它在一定程度上导致社区感变弱，从而导致幸福感降低。拥有使我们能够评估这类说法的衡量标准很重要。

这项工作尚处于起始阶段，但迄今得到的结果非常不错。它已经明确证实，对影响幸福和生活质量的许多因素进行可重复的衡量是可能的。

### 单一衡量标准还是多个衡量标准

我们的统计系统有多重用途，因此一个用于某一用途的衡量标准可能就不适合另一个用途。

### 变化的目标

最初引入GDP和GNP之类的国民收入统计数字是为了衡量基于市场的经济活动（包括公共部门但不包括家庭生产）水平。特别是在凯恩斯经济学建立以后和大萧条后，随着各国政府肩负起了管理经济的责任，政府获取描述经济状况的统计数字变得很重要。在不具有显示经济状况的指标的情况下管理经济被描述成就好像在没有仪表的情况下试图驾驶飞机。这项工作的两名先驱西蒙·库兹涅茨（Simon Kuznets）和理查德·斯通（Richard Stone）都因对创建国民收入核算账户系统做出贡献而荣获诺贝尔奖。

在随后几年里，国民收入统计人员的工作主要集中于纠正市场活动衡量标准的缺陷上（例如，评价住房服务和政府活动）。国民收入统计人员也在扩大经济活动的范围上，比如，把家庭生产包括进来，开展了一些工作。

然而，这些衡量标准越来越被认为是对社会幸福状况的衡量标准。当然，优秀的国民收入统计人员已经对这些错误的做法发出了警告。与此同时，他们也努力使我们的衡量标准更好地反映经济活动的实际水平和越来越注重衡量，比方说，实际家庭收入。

大量经济活动是在家庭中发生的——而这对个人幸福的贡献和市场生产一样多，甚至超过市场生产。生产地点的变化可能未必表示更加幸福。

不过，这项工作的重点是，尝试改进市场衡量标准，以便使这些标准更好地反映社会幸福状况。如今，越来越需要涉及范围更广的标准来衡量社会进步和社会幸福。这些标准包含了衡量市场活动的标准，但不局限于这类标准。委员会的贡献是，进一步推动这些尝试。

### 需要多个衡量标准

要想描述像我们的社会这样复杂的事务，只有一个指标是不够的。试图利用一系列非常小的数字来描述现状可能非常具有误导性。我们可能需要知道在油耗尽前，我们的车速是多少（每小时55英里）和还能走多远（250英里）。可是，比方说把这两个数字相加（305）得到的单一衡量标准对两个问题都无法做出回答。

我们关心，"总体上"我们干得怎么样，但是我们也关心收入分配的状况。此外，我们不仅关心我们眼下过得怎样，还关心我们在未来将过得怎样。如果我们想寅吃卯粮，那我们起码要知道，我们当前的幸福水平是不可持续的。虽然可持续性包括很多方面，但是环境的可持续性变得越来越重要，特别是当人们认识到，随着全球变暖，世界正走在一条不可持续的道路上时。

因此，我们的目标是，建立一系列简便的衡量标准，最大限度地描述主要问题。这就是为什么我们希望，改进的GDP标准将继续被用来衡量市场活动；不过，它将得到一些更加广泛地反映大多数居民状况（中位数收入标准）、反映穷人状况（贫穷标准）、反映环境状况（资源消耗和环境退化的标准）和反映经济可持续性的衡量标准（债务标准）的补充。

### 全球共鸣以及全球和国家对话

不足为奇，萨科齐总统和委员会提出的问题在全球引起了共鸣。世界各地都产生了共鸣。甚至在委员会开始运转前，不丹就已经致力于建立一种国民幸福总值（Gross National Happiness, GNH）的衡量标准，泰国也在着手建立自己的指数。

因为我们选择衡量什么和如何建立我们的衡量标准会在决策中起如此重要的作用，所以公开和共同讨论我们的衡量标准系统很重要。

希望这份报告将在这场公众对话中发挥一定作用。实际上，我们认为，在各国着手分析对它们来说什么重要和它们的衡量标准系统是否充分记录了这些价值时，我们的报告可以激励这样一种对话。这种对话已经轰轰烈烈地开展起来，一个例证是2009年10月27日至30日在韩国釜山举行的以"统计数字、知识和政策"为主题的经合组织第三次世界论坛。与会者讨论了改进衡量社会进步的方法，这不仅能在记录进步而且在"构筑梦想"和"改善生活"上发挥重要作用。

### 未竟的事业

我们认为，我们的研究既不是一次旅程的开始也不是结束。幸运的是，对于我们所关心的问题，已经有大量的研究成果，委员会因此能够从中受益。对于建立GDP指数所依据的假定，最初建立GDP衡量标准的研究者显然要比许多后来使用这一标准的人远为清楚。不过我们希望，通过提醒当今的研究者注意现有衡量标准的局限性和偏差，我们的一些分析不仅能带来更好的衡量标准，而且能引发大量的研究，从而帮助我们了解，比如根据所用衡量标准得出的结论的灵敏性。

我们付出相当大的努力，思考如何改革我们的衡量标准才可能建立更好的指标。然而，经常得不到所需的数据。因此，我们的报告在很大程度上致力于为今后的工作提出建议，包括对统计机构今后收集数据上的建议。

这仅仅是一场长期行动的第一步。即便我们眼下成功地建立了完美的衡量标准，我们的经济和社会中发生的变化也让我们必须不断地重新研究这些问题，而我们离那一目标还很远。

改进我们的统计数字也必须是一场全球行动。在这项行动中，政治领袖对于我们获得必要的动力是必不可少的。这么多委员在这些问题上投入了如此大量的工作。他们对这项行动如此充满热情的原因之一就是来自萨科齐总统的政治推动力。

人们对我们在2009年9月发表的报告做出了振奋人心的反应，也使我们更加深信委员会提出的这些问题是重要的。我们希望，委员会的工作将使人们就社会目标、常用的衡量标准是否与那些目标相一致以及是否存在与普遍持有的价值观更加协调一致的其他衡量标准开展广泛的对话。

从这个意义上说，我们在此时发表这份报告是有利的。它刚好是在许多国民对社会前进的方向发出更广泛的批评之时面世的。全球变暖在世界很多地方已经成为一个首要问题，人们也尚未思考物质至上主义的消费增长——表面上受到GDP衡量标准的推崇——所造成的不利影响和地球能否设法应付这一增长。

当我们于2009年9月14日在巴黎发表这份报告时，萨科齐总统和经合组织秘书长安赫尔·古里亚都承诺要把委员会的工作发扬光大。在第三届国际知识论坛上，在讨论评价幸福的新方法时，委员会的工作帮助确定了讨论的方向。许多国家已经着手贯彻委员会的观点。萨科齐总统也在此后不久把有关这些问题的讨论带到在匹兹堡举行的20国集团峰会上。

## 致读者

正如我们所提到的，委员会的许多成员把他们的大部分职业生涯投入到这些和类似的事务中。他们一直在倡导改革我们的统计系统，并且一直在研究进行这类改革所依赖的基础。

阿马蒂亚·森曾和马赫布卜·乌勒·哈克合作，为联合国建立研究人类发展的方法，即系统地呈现与人类幸福和自由相关的信息。人类发展指数（Human Development Index，众所周知的HDI）是最简单的表示方法。HDI显示，用一种更广泛的衡量标准——其中包括健康和教育——得出的国家排名与用只关注收入的衡量标准得出的排名可能显著不同。森以前建立的能力方法对委员会成员的想法有非常大的影响。

我们在上文中提到，在公司和国家两个层面上的核算框架都是我们的信息系统必不可少的组成部分。斯蒂格利茨（在他的理论著作中和在他作为克林顿总统的经济顾问委员会主席和世界银行首席经济学家的工作中都）始终关注我们如何能够改进这些核算框架和提高信息质量。这些信息构成了在我们的经济和政治系统中进行决策的基础。我们曾提出的一些改革远没有在这里提出的这些改革艰巨——就是更好地说明资源消耗和环境退化。然而，政治阻力如此之大，以致这些举措受到阻挠。这显示了信息的力量。有些人对更好的信息系统可能揭示的东西感到惧怕。主要的利益集团不希望这类信息得到公开传播，这表明，在我们的统计系统中进行的这些改革可能的确有影响力。

作为世界银行的首席经济学家，斯蒂格利茨尤其关注对GDP影响的判断如何有可能导致对资源开发的错误决策。许多发展中国家一直被催促使自然资源开发私有化，即便这意味着大量利润流向海外。采矿活动将使GDP增长。可是，如果考虑利润流向海外这一情况，那么GNP可能就没有增长。如果再进一步考虑资源消耗和对健康和环境的不利影响，那么就能更清楚地看到，这个国家的国民可能生活得更差了。

菲图西多年研究的重点是，展示微观经济变量分布的改变不仅影响宏观经济变量的感知能力，还影响宏观经济模式的结论。不平等极其重要，如果不加以适当的考虑，那么就可能导致对宏观经济政策的错误推论。

因此，对许多委员会成员来说，在委员会工作使他们有机会推动一项他们早就着手的工作，并在全球范围内推动这项工作。

**关于本书**

虽然委员会的成果是由社会科学家（大部分是经济学家，但是委员会也包括一位著名的政治学家，一位著名的社会学家和一位著名的经济心理学家）撰写的，也主要是为社会科学研究者撰写的，但是我们希望这个报告有更广泛的影响面。正如我们指出的，我们不仅对更好的衡量标准感兴趣，还对用一场有关衡量标准的讨论引发一场有关社会价值和目标的更广泛对话感兴趣。本书包含的章节是委员会的非技术性报告，技术性报告可以在委员会网站www.stiglitz-sen-fitoussi.fr上找到。但为了把讨论的问题置于上下文中，我们以菲图西、森和斯蒂格利茨撰写的一篇内容广泛的概述开始本书。

　　我们探讨的题目如此宽泛和复杂，以至委员会在第一次会议上就决定，把工作划分给3个工作小组。一个小组将致力于一般性但困难的国民收入核算问题：衡量政府产出、做出调整以适应一种开放的经济、处理家庭生产和休闲以及"必需"开支——只需要（比如通过维护安全）保持现状所需的开支。第二组致力于衡量"生活质量"，即幸福感。第三组致力于可持续性。全球变暖已经把环境可持续性问题置于最突出的位置上；全球金融和经济危机提出了经济可持续性的类似问题。一个对所有小组工作都有影响的重点是分布问题——如何正确地记录不同个体面对的不同状况。大多数统计指标着眼于平均数；可是如果不平等状况改变了，那么底层甚至中层的状况就可能与，比方说，人均GDP的情况显著不同。

　　委员会于2009年4月在巴黎举行了第一次会议。委员会和各工作小组随后在纽约和巴黎举行了全体会议。委员会报告的最初几稿发表在网站上。评论员提出的许多建议反映在委员会报告的终审稿中。

### 致谢

　　要不是研究国民收入的学者和统计学家对这一问题进行了长期大量的研究，我们是不可能完成这项工作的。我们只能在个别章节里提到其中的一些研究成果。

　　在库兹涅茨和斯通实现开创性工作之后的几年里，

研究人员在本书讨论的许多领域开展了大量工作：衡量公共部门和家庭产出、衡量资源消耗和环境退化、在"开放经济体"中出现的一些特殊问题、处理不平等的后果、研究可持续性和衡量"幸福"。

我们要感谢OECD所做的重要工作。他们不仅帮助突出眼前的问题，并对这一研究课题提供技术上的支持，还对委员会的工作提供支持，包括通过OECD前首席统计学家恩里科·乔瓦尼（Enrico Giovanni）提供的支持。乔瓦尼开创了OECD在这一领域的工作，并在委员会中领导其中一个工作小组。

最后，我们要向所有对委员会的工作作出贡献的人表示感谢。我们首先要感谢法兰西共和国总统尼古拉·萨科齐。是他组建了这个委员会、给予我们支持并在我们的工作中给予我们完全的自由。我们还要感谢委员会的成员。他们向委员会的工作投入了大量的精力，并心怀责任感和目标感，这使他们能够调和甚至完全大相径庭的意见。鉴于工作的辛苦，我们不愿专门感谢任何一名委员会成员，不过我们觉得，如果不对3个工作小组的主席——恩里科·乔瓦尼、杰夫·希尔（Geoff Heal）和艾伦·克鲁格（Alan Krueger）——表示感谢就是怠慢。他们领导的工作小组分别研究"一般性"国民收入统计数字的问题、衡量可持续性、幸福和生活质量的衡量标准。我们还要感谢由让—艾蒂安·沙普龙（Jean-Etienne Chapron）领导的报告起草人。他们认真对待委员会成员提出的所有意见和建议，并设法完成了最终报告。最后，我们要感谢法国经济部和法国全国统计和经济研究所（INSEE）在委员会运作的18个月里提供的后勤和知识帮助。

# 执行摘要

## 为何撰写这份报告？

法兰西共和国总统尼古拉·萨科齐因对经济和社会统计信息的现状不满而于2008年2月要求约瑟夫·斯蒂格利茨（委员会主席）、阿马蒂亚·森（顾问）和让—保罗·菲图西（协调人）建立一个委员会。该委员会随后被命名为"衡量经济表现和社会进步委员会"，其目标是，确定GDP作为一个经济表现和社会进步指标的局限性，其中包括用GDP进行衡量的问题；研究建立更加合适的社会进步指标需要哪些额外的信息；评估其他衡量工具的可行性，并讨论如何正确地呈现这些统计信息。

实际上，统计指标对于设计和评估旨在推动社会进步的政策，以及对评估和影响经济市场的运行很重要。在过去20年，这些统计指标的作用日益重要。这反映了人口受教育程度的提高、现代经济体日益复杂和信息技术的广泛使用。在"信息社会"，获得和使用数据，包括统计数据，要容易许多。越来越多的人查看统计数字，以便了解更多信息和做决定。为响应对信息日益增长的需求，统计数字的供应量也大幅增加，涵盖了新的领域和现象。

我们衡量什么影响我们做什么；如果我们的衡量标准有缺陷，那就可能做出错误的决定。一旦把环境退化恰当地包括在我们对经济表现的衡量中，那么我们过去在提升GDP和保护环境之间做出的选择有可能就是错误的。不仅如此，我们经常通过查看哪些政策促进了经济增长来推断什么是好政策；可是如果我们衡量表现的标准有缺陷，那么我们的推断也就可能有缺陷。

然而，在对重要的社会经济变量，比如经济增长率、通货膨胀、失业率等的一般衡量结果和人们普遍的感觉之间似乎经常有明显的差距。例如，与个体的感觉相比，一般衡量标准可能显示通货膨胀没有那么严重，或者有更大的增长。而这种差距如此之大和如此普遍，以至无法用货币幻觉和人类心理学加以解释。在一些国家，这一差距降低了对官方统计数字的信任（比如，在法国和英国，只有1/3的国民相信官方数字，而这样的国家并不在少数），从而明显地影响公众谈论经济状况和必要政策的方式。

对于社会经济现象的统计衡量结果和国民对这些现象的感觉之间有差距这一问题，可以作几种解释。

●统计概念可能是正确的，但衡量过程可能不完美。

●在很多情况下，对什么是正确的概念和正确使用不同概念存在争议。

●如果不平等状况有很大变化（较为普遍的是收入分配上的变化），那么GDP或其他任何按人均计算的总值可能就没有正确地评估大多数人觉得自己所处的状况。如果不平等的扩大相对于人均GDP的增长变得足够严重，那么即使平均收入增加了，大多数人的生活状况也可能变差。

●常用的统计数字可能没有记录一些对国民的幸福有越来越大的影响的现象。例如，由于汽油使用量增加，交通堵塞可能会提高GDP，但是显然不可能提高生活质量。还有，如果国民关注空气质量，而空气污染又在加重，那么忽略空气污染的统计衡量结果就会对国民幸福状况做出不准确的评估。还有，一种衡量渐变的趋势可能不足以记录环境发生突然改变的危险性，比如气候变化。

●报告和使用统计数字的方式可能歪曲对经济现象走势的看法。例如，虽然国民生产净值（考虑了贬值的影响）和实际家庭收入（关注在经济系统中，家庭的实际收入）可能更合适，但是研究人员一般还是把大部分重点放在GDP上。这些数字可能非常不同。那么，GDP本身没错，而是被错误地使用了。我们需要更好地了解每个衡量标准的合适用途。

实际上，长久以来，研究人员一直关注当前对经济表现的衡量结果是否充分，尤其是那些完全基于GDP的衡量结果。研究人员甚至还关注这些数字作为社会幸福衡量结果是否合适这一更宽泛的问题。无生命的便利设施能够直接或者间接地影响人类的生活。只有通过这些无生命的便利设施对人类生活所起的作用，我们才可能最终最大限度地证明，（例如，在一直是各种经济进步研究重点的GNP和GDP中）特别关注增加无生命便利设施这一问题是合理的。此外，研究人员早就清楚，GDP这一衡量标准不适合用来比较不同时期的幸福状况，尤其是在经济、环境和社会这些通常被归于可持续性的方面。

## 这份报告为何重要？

从委员会开始撰写这份报告到完成报告的这段时间里，经济环境已经发生彻底的改变。眼下，我们正身处战后历史上一场最严重的金融、经济和社会危机之中。即便我们没有危机，委员会推荐的一些对衡量方法的改革也是非常值得做的。不过，委员会的一些成员认为，这场危机增强了这些改革的紧迫性。他们认为，这场危机令许多人吃惊的原因之一是，我们的衡量系统失效，还有（或者）市场参与者和政府官员没有着眼于一套合适的统计指标。在他们看来，不论是私人还是公共核算系统都没能发出预警，也没有警告我们，在2004年至2007年期间，表面上辉煌的世界经济增长表现是以损害未来增长为代价实现的。我们还知道，一些表现是"海市蜃楼"，即利润是建立在泡沫价格基础之上的。或许这是一种奢望，即如果我们拥有更好的衡量系统，拥有一个能发出预警的系统，那么各国政府或许就能及早采取措施，避免或者至少减轻目前的混乱状况。不过，如果我们更了解常用衡量标准，比如GDP的局限性，那我们可能就不会对危机发生前那几年的经济表现感到那么兴奋了。把对可持续性的评价（比如负债越来越多）纳入其中的衡量标准原本可以让我们更加谨慎地看待经济表现。然而，许多国家缺乏一套能全面描述主要经济参与者的资产和负债情况的适时和完整的财富核算——经济的"资产负债表"。

我们目前还面临一场正在逼近的环境危机，特别是与全球变暖相关的环境危机。排放二氧化碳是不收钱的和在一般的国民收入核算中不计入排放二氧化碳的成本这一情况扭曲了市场价格。显然，反映这些环境成本的经济表现数据看起来会与一般的数据明显不同。

如果说上述观点不一定为委员会的所有成员所认同，委员会却一致认定，这场危机给了我们一个非常重要的教训，即那些试图操纵经济和我们社会的人就像没有可靠的罗盘却试图掌舵的领航员。他们（和作为单个国民的我们）所做的决定取决于我们衡量的对象、我们衡量方法的好坏和我们的衡量结果是否得到良好的解读。如果作为行动基础的这些衡量标准不合适，或者对它们没有清楚的认识，那么我们几乎就是盲目的。就许多目标来说，我们需要更好的衡量标准。幸运的是，最近几年的研究使我们得以改进我们的衡量标准，也到了把其中的一些成果纳入我们的衡量系统的时候了。委员会成员还一致认为，更好的衡量结果还可以使我们能够更好地引领我们的经济通过和走出危机。这份报告提出的许多指标将有助于这一目标的实现。

这份报告讨论的是衡量问题而非政策，因此报告没有讨论在追求各种目标时，我们的社会如何能够通过共同努力竭力前进。不过，由于我们衡量什么决定我们共同努力要追求什么——而我们追求什么又决定我们衡量什么，因此这份报告及其贯彻可能对我们的社会看待自己的方式，也因此对制定、实施和评估政策的方式有重要影响。

委员会注意到近几年在统计衡量方面的重大进步，并敦促我们再接再厉完善我们的统计数据库和从这个数据库构建的各种指标。这份报告指明了在各个领域开展更多或不同的衡量活动的方法。我们希望，报告将对发达国家和发展中国家今后的统计政策和一些国际组织的工作都产生影响。这些国际组织在世界各地建立统计标准方面发挥着关键作用。

## 报告由谁撰写？

这是一份由经济学家和社会科学家撰写的报告。

委员会成员的专业领域广泛，从国民核算到气候变化经济学等不一而足。他们在社会资本、幸福，以及卫生和精神健康方面开展了研究。他们一致认为，在不同群体之间——在统计信息的生产者和使用者之间，不管他们的学科是什么——架设桥梁是重要的，因为他们在近几年已经变得越来越疏远。委员会成员认为，他们的专业知识是对一些有着类似的主题，但从不同角度撰写的报告（比如由研究气候变化的科学家和研究精神卫生的心理学家撰写的报告）的补充。虽然报告的核心内容专业性很强，但是我们尽量用非专业的语言撰写专业性章节的摘要。

### 报告是写给谁的?

委员会希望在4个不同的群体中找到乐于接受该报告的读者，并且是带着这一想法撰写报告的。这份报告首先是写给政治领袖的。在发生危机的此刻，我们需要新的政治言论来确定我们的社会应当往何处去。这份报告倡导把重点从"面向生产"的衡量系统转向关注当前和未来世代幸福的衡量系统，即转向更广泛地衡量社会进步。

其次，这份报告希望对那些想更好地了解在设计、执行和评估旨在增强幸福和促进社会进步的政策方面有哪些可用和有用指标的决策者产生影响。报告提醒决策者既要注意现有数据的可取之处和不足之处，又要注意可靠的量化信息不是轻易得来的，必须在建立统计数字和指标方面做巨大的投入，以便向决策者提供他们决策时所需的信息。

再次，这份报告是写给学术界、统计人员和大量使用统计数字的人员。报告提醒他们，提出可靠的数据有多么困难，还让他们注意支持所有统计数字的众多假设。但愿学者们将更加谨慎地对待某些统计数字。但愿全国统计机构的工作人员将发现对某些领域——进一步发展这些领域可能尤其有价值——的建议是有用的。

最后，这份报告是写给民间社团组织的。它们既是统计数字的使用者也是统计数字的生产者。更加泛泛地说，报告是写给广大公众的，不管他们是来自较为富有还是较为贫穷的国家，也不管他们在社会中是富人还是穷人。我们希望，通过更好地了解可利用的统计数据和指标（它们的优点和局限性），他们能更好地评估他们的社会所面临的问题。我们还希望，这份报告对记者和媒体也有用，因为记者和媒体有责任帮助国民了解他们所处社会的状况。信息是一种公共资源；我们对社会状况了解得越多，我们的民主制度就能运转得越好。

### 有哪些要点和建议？

这份报告把对当前幸福的评估与对可持续性——能否随着时间的推移而持续下去——的评估加以区分。当前幸福既与经济资源，比如收入有关，又与人们生活的非经济面（他们做什么和能做什么、他们有什么感觉以及他们生活的自然环境）有关。幸福的这些层面能否随着时间的推移而持续下去取决于对我们的生活有重要作用的资本存量（自然的、物质的、人力的、社会的）是否传递给了未来的世代。

为统筹安排工作，委员会分成了3个工作小组，分别关注：传统的GDP问题、生活质量和可持续性。以下就是这份报告给出的要点和建议。

### 在复杂的经济形势中更好地衡量经济表现

在越过GDP、应对衡量幸福这一更加困难的任务之前，探究现有的经济表现衡量标准在哪些方面需要改善是值得的。衡量生产——是决定就业水平的变量之一——对监控经济活动至关重要。我们在报告中给出的第一条重要信息是，改变我们的经济活动衡量系统，以便更好地反映现代经济发展所特有的结构改变的时候到了。实际上，随着服务所占的比重日益增加和生产的产品日益复杂，衡量产出和经济表现要比过去困难。如今，许多产品的质量具有复杂性、多面性和易于迅速改变的特性。这明显地体现在汽车、计算机和洗衣机等商品上，但是在服务上，比如在医疗服务、教育服务、信息和通信技术、研究活动和金融服务上体现得尤其明显。在某些国家和某些部门，提高"产出"与其说是提高数量的问题，不如说是提高商品质量的问题。记录质量变化是一项艰巨的任务，但对于衡量实际收入和实际消费等一些决定人们物质幸福的关键因素是至关重要的。低估质量提高等同于低估通货膨胀率，进而低估实际收入。反之，如果夸大质量提高，那就等同于夸大通货膨胀率，进而高估实际收入。

政府在当今经济中发挥着重要作用。他们提供集体性的服务，比如安全保障，和较为个性化的服务，比如医疗服务和教育。在各个国家和不同时期，由私人和政府提供的个性化服务的比例相差很大。除了这些集体性服务对国民生活水平所作的贡献外，个性化服务，特别是教育、医疗服务、政府为低收入者修建的住房和公共体育设施几乎毫无疑问地受到国民的积极评价。这些服务往往是大规模的，而且自第二次世界大战以来大幅增加。可是，在很多情况下，它们仍然没有得到恰当的衡量。传统上，衡量标准是以提供这些服务所做的投入（比如医生数量）而不是以实际产出（比如某种治疗的次数）为基础的。根据质量变化做出调整甚至更加难以做到。由于产出是随着投入变化的，因此在提供这些服务时发生的生产率变化被忽视了。由此断定，如果公共部门的生产率提高（下降）了，那么我们的衡量结果就低估（高估）了经济增长率和实际收入。因此，为了恰当地衡量经济表现和生活水平，重要的一点就是要认真衡量政府的产出。（按照我们现有的、公认有缺陷的基于开支的衡量系统，许多OECD成员国政府的产出约占GDP的20%，OECD成员国的政府总开支占GDP的40%以上。）虽然在如何根据质量做出调整和如何衡量政府产出的问题上存在方法论的分歧，但是研究人员普遍认为，必须做出调整，甚至要调整指导这类调整活动的原则。在实际贯彻这些原则时会出现分歧。委员会在报告中既讨论了这些原则也讨论了贯彻这些原则的困难。

### 从生产到幸福

另一个关键信息，也是把报告的主题统一起来的信息是，时机已经成熟，我们的衡量系统该把重点从衡量经济生产转向衡量人们的幸福。而且应该在可持续性的背景下衡量幸福。虽然我们衡量生产的标准有缺陷，但是我们对它们的了解要大大超过对幸福衡量标准的了解。改变重点并不意味着不考虑GDP和生产衡量标准。GDP和生产衡量标准源自对市场生产和就业的考虑；它们仍然为许多重要的问题，比如监控经济活动，提供答案。但是，强调幸福是重要的，因为总的GDP数据中包含的信息与为普通人带来幸福的因素之间有越来越大的差距。这意味着，要致力于建立一种用着眼于幸福的衡量标准和记录可持续性的衡量标准来补充市场活动衡量标准的统计系统。这样一个系统必须，必然地，由多个衡量标准组成——因为单一的衡量标准无法概括像社会成员的幸福这样复杂的事物，我们的衡量系统必须包含一系列不同的衡量标准。把不同方面结合起来的问题（即例如，我们如何把健康的衡量标准和普通商品消费的衡量标准结合起来）虽然重要，但是从属于建立一种广泛的统计系统，以便记录尽可能多的相关面。这样一种系统不应只衡量某个特定群体的平均幸福水平以及它们如何随着时间的推移而变化，还要记录人们各种各样的经历和各个生活方面之间的联系。幸福是多方面的，不过一个合适的起点是衡量物质幸福，即生活水平。

建议1：在评价物质幸福时，着眼于收入和消费而非生产。

GDP是使用最广泛的衡量经济活动的标准。GDP的计算是有国际标准的，而且研究人员主要关注的是GDP的统计和概念基础。前面的段落强调了在计算GDP时需要改进的一些重要方面。正如统计学家和经济学家所深知的，GDP主要衡量市场生产——以货币表达，因此它在这方面是有用的。可是，GDP经常被看待成一个衡量经济健康状况的标准。混淆二者有可能令人对人们的境况产生误解并导致错误的决策。物质生活水平与国民净收入、实际家庭收入和消费的关系更密切。在把贬值、流入和流出一个国家的收入以及产出价格和消费产品价格之间的差额计算在内后，生产可能扩大了，但收入却减少了，或者生产缩小但收入增加。

建议2：重视家庭角度。

虽然在总体上跟踪经济表现能提供一些信息，但是通过家庭收入和消费可以更好地了解国民物质生活水平的发展趋势。实际上，现有的国民核算数据显示，在许多OECD成员国中，实际家庭收入的增长与实际人均GDP的增长有很大的差异，通常是前者的增长速度较慢。家庭角度需要考虑不同部门之间的支付款项，比如向政府缴纳的税款、政府提供的社会救济金和向金融公司支付的家庭贷款利息等。如果精确地定义，家庭收入和消费还应反映政府提供的非现金服务，比如由政府补贴的医疗保健和教育服务等。我们还要下大力气核对统计数字，以便了解基本的统计数字来源为何会造成某些数量，比如家庭收入有不同的变化。

建议3：综合考虑收入、消费与财富。

收入和消费对评估生活水平至关重要，但是最终只有结合财富信息才能计算收入和消费。一个家庭把财富花在消费品上可以提高这个家庭当前的幸福水平，但却是以未来的幸福为代价的。家庭资产负债表将记录这类活动的影响，资产负债表也适用于其他经济部门和整个经济。为建立某个经济体的资产负债表，我们需要全面记录其资产和债务。国家资产负债表不是新概念，但是还是没有多少可利用的资产负债表，因此需要推动各国建立资产负债表。财富量对衡量可持续性至关重要。我们转入未来的东西必须以存量表示——物质、自然、人力和社会资本。正确计算这些存量至关重要，但也往往是困难的。在资产的市场价格不存在或者受到泡沫和泡沫破裂影响的情况下，还需要用一些可替代的评价方法对资产负债表进行压力测试。如果货币评价手段非常不可靠或者难以实施，那么利用一些更加直接的非货币指标可能更好。

建议4：更加重视收入、消费和财富分布。

平均收入、消费和财富是有意义的统计数字，但是它们并未给出生活水平的全部情况。例如，不同群体平均收入的增长情况是不均匀的，令一些家庭的经济状况相对于其他家庭要差一些。因此，要用反映收入、消费和财富分布的指标补充平均收入、消费和财富这些指标。较之于平均消费（收入、财富），中位数消费（收入、财富）能更好地衡量"具有代表性的"个人和家庭的状况。但是对于许多目标来说，了解收入/财富分布底层（由贫穷统计数字记录）或上层的情况也很重要。理想的状态是，这类信息不是孤立地呈现而是联合呈现的，也就是说，要从物质生活水平的3个维度——收入、消费和财富同时获得家庭经济状况的信息。毕竟，收入低但财富高于平均水平的家庭不一定比收入中等但没有财富的家庭差。（在下面有关如何衡量生活质量的建议中将再次提到，提供幸福各个维度的"联合分布"信息是有利的。）

建议5：把收入标准扩大至非市场活动。

家庭和社会的运转方式已经有了很大变化。例如，人们如今在市场上购买许多在过去从其他家庭成员得到的服务。在国民核算中，这一变化转化为收入的增加，由此可能给出生活水平有变化这一错误的印象，但其实这一变化只反映了由非市场途径变为通过市场途径提供服务。家庭自供的许多服务没有体现在官方的收入和生产数据中，但它们却构成经济活动的一个重要方面。它们未包含在官方数据中这一情况更多地反映了数据的不可靠性，而不是概念分歧。不过这方面的情况已经有所改善，但在这一领域要开展越来越多的系统工作。我们应该从人们如何使用时间的情况——既可以在不同年份也可以在不同国家之间进行比较——着手。除核心的国民核算数据之外，对家庭活动进行全面和定期的描述可以对情况作出补充。在发展中国家，家庭生产（比如生产食品和建造住宅）发挥着重要作用。跟踪这类家庭生产活动对于评估这些国家的家庭消费水平是很重要的。

一旦开始关注非市场活动，休闲的问题就出现了。消费同样一组商品和服务但每年工作1500小时而非2000小时，这意味着一个人的生活水平提高了。虽然在计算休闲的价值时困难重重，但是比较不同时期和不同国家的生活水平需要考虑人们的休闲时间。

## 幸福是多维的

要想解释幸福的意义，就必须使用一个多维定义。根据学术研究和世界各地提出的许多倡议，委员会确定了如下应该考虑的几个关键维度。至少在原则上，要同时考虑这些维度。

1.物质生活水平（收入、消费和财富）

2.健康

3.教育

4.包括工作在内的个人活动

5.政治发言权和治理

6.社会联系和关系

7.环境（当前和未来状况）

8.经济和人身不安全

所有这些维度决定了人们的幸福，可是其中的许多维度为传统的收入衡量标准所忽视。

## 幸福的客观和主观方面都重要

建议6：生活质量取决于人们的客观条件和能力。我们应该采取措施更好地衡量健康、教育、个人活动和环境状况。我们尤其要下大力气，在社会联系、政治发言权和不安全感这些能被用来预测生活满意度的方面制定并实施有力和可靠的衡量标准。

与评价生活质量相关的信息不仅包括人们的自述和感觉，还包括对他们的"活动"和自由权的衡量。实际上，真正重要的是人们的能力，即他们的机会集合范围以及他们在多大程度上能从这一集合中自由选择他们想要的生活。对衡量生活质量来说，对相关活动和能力的选择是一种价值判断，而非一种技术层面的操作。可是，虽然人们在罗列影响生活质量的确切因素时不可避免地受到价值判断的影响，但是人们普遍认为，生活质量取决于人们的健康和教育、他们的日常活动（包括获得体面的工作和住房的权利）、他们参与政治进程的行为、他们所处的社会和自然环境以及决定他们的人身和经济安全的因素。衡量所有这些因素既需要客观数据也需要主观数据。我们在所有这些领域面临的挑战都是改善已有的成果，确定可用信息之间的差异和向那些仍然没有足够的可用指标的领域（比如对时间的利用）投入统计力量。

建议7：衡量生活质量的所有指标都应当对不平等状况作出全面评估。

人类条件的不平等状况对比较各国的生活质量和生活质量如何随时间变化是必不可少的。大部分生活质量维度都要求适当和单独衡量不平等状况，但正如上文指出的，要考虑联系和关系。我们要在不同的人、不同的社会经济群体、不同性别和不同世代之间比较生活质量的不平等状况，尤其要关注最新出现的不平等状况，比如与移民相关的不平等状况。

建议8：要设计一些调查项目来评估每个人的生活质量各个维度之间的联系，而且在各个领域制定政策时要利用这一信息。

解决生活质量一个维度的发展变化如何影响其他

维度的问题，和解决各个领域的发展变化与收入如何联系在一起的问题至关重要。这很重要，因为在生活质量上有多重不利因素所造成的影响要远远超过这些不利因素单独造成影响的总和。要衡量这些累积影响就要通过认真调查，获取每个国民的生活质量最突出特征的"联合分布"信息。为了这个目的，我们还可以在所有调查中都提出一些标准问题，使我们能够根据有限的一组特性来划分调查对象。在特定领域制定政策时，要同时考虑衡量生活质量的所有指标所造成的影响，以便处理不同维度之间的关系和在多个领域处于不利地位的人们的需求。

建议9：统计机构要提供必要的信息来聚合生活质量的各个维度，从而能够建立不同的指标。

虽然评估生活质量需要多个指标，但是非常需要建立单一的概括性衡量标准。我们根据要解决的问题和采取的方法可以建立几个衡量生活质量的概括性标准。其中的一些标准已经得到应用，比如一个国家总体上对生活的平均满意程度和聚合各个客观领域平均水平的复合指标，比如人类发展指标。如果国民统计系统做出必要的投入并提供所需的计算数据，那么还可以使用其他衡量标准。这些标准包括，衡量人们在多少时间里说自己最强烈的感觉是负面的标准、记录生活各种客观特征的出现和强烈程度的标准以及基于人们的状况和喜好的（等值收入）标准。

委员会认为，不仅要考虑幸福的客观指标，还要考虑衡量生活质量的主观标准。

建议10：衡量幸福的主客观指标都提供有关生活质量的关键信息。统计机构应当在它们自己的调查中包含记录人们对生活的评价、享乐体验和优先考虑事项的问题。

研究结果显示，收集有意义和可靠的主观和客观幸福数据是有可能的。主观幸福是多方面的（对生活的主观评价、快乐、满意、喜悦和自豪之类的正面情绪以及痛苦和焦虑之类的负面情绪）。我们要分别衡量各个方面，以便更加全面地评价人们的生活。对这些主观方面进行定量衡量的标准不仅使我们有希望更好地衡量生活质量本身，而且有希望更好地了解除收入和物质条件之外的其他决定因素。虽然有许多遗留的未解决问题，但是这些主观衡量标准提供了有关生活质量的重要信息。因此，在小规模和非正式的调查中证明有用的那类问题应该包括在统计机构开展的较大规模的调查中。

　　衡量和评估可持续性是委员会关注的中心问题。可持续性对确定未来的世代能否至少保持当前幸福水平这一问题构成挑战。可持续性必然涉及未来，因此对它的评估涉及很多假定和标准选项。至少环境可持续性的某些方面（尤其是气候变化）受不同国家所遵循的社会经济模式和环境模式之间相互作用的影响，这就让这个问题变得更加复杂。这个问题的确复杂，比已经很复杂的衡量当前幸福和表现的问题还要复杂。

　　建议11：评估可持续性需要一系列明确的指标。这些指标的鲜明特征是，可以把它们翻译成一些基本"存量"。可持续性的货币指标就是其中之一，但是根据当前的技术发展水平，它仍然应当主要着眼于可持续性的经济方面。

　　对可持续性的评估是对当前幸福和经济表现这一问题的补充，因此必须单独探讨。这听起来可能微不足道，但值得重视，因为一些现有的方法没有采用这一原则，从而导致有可能令人迷惑的信息。例如，当研究人员试图把当前幸福和可持续性合成一个指标时，就可能引起混淆。做一个类比。在驾驶车辆时，一个把车辆当前的速度与剩余油量合成一个数字的仪表对司机没有任何帮助。这两个的信息都至关重要，需要分别、清楚地显示在仪表盘上。

为衡量可持续性，我们至少需要一些指标，它们能让我们了解对未来幸福有重要意义的各种因素在数量上的变化。换句话说，可持续性需要同时保持或增加几种"存量"：自然资源的数量和质量以及人力、社会和实物资本的数量和质量。

用存量方法衡量可持续性有两种形式。一种是仅分别研究每种存量的变化，评估这种存量是增加了还是减少了，目的就是尽可能使每种存量保持在某个阀值之上。第二种形式是把所有这些资产转换成一个货币等值物，由此默认不同种类的资本是可以互相替换的。这样，比如自然资本的减少可以为实物资本（正确加权）的充分增长所弥补。这种方法潜力巨大，但也有一些局限性，最重要的是缺少可以为评价资产提供基础的众多市场。即使有市场价值，也不能保证这些市场价值充分地反映各种资产对未来幸福有多重要。货币形式需要估算和建立模型，从而在获取信息上造成困难。所有这一切都显示，要从一种较为简单的方法着手，即着眼于计算一些项目的货币总量，比如实物资本、人力资本和某些自然资源。对于这些项目，存在合理的评价方法。这样，我们就可以评估可持续性的"经济"要素，即各国是否过度消耗了它们的经济财富。

**环境压力的实物指标**

建议12：应该根据一组精选的实物指标对环境的可持续性做单独的进一步研究。我们尤其需要一个明确的指标，显示我们离危险级别的环境损害（比如气候变化和渔业储备的消耗）有多远。

基于上述原因，通常难以赋予自然环境一个货币价值，因此需要用单独的几组实物指标来监视环境状况。在涉及环境的不可逆转和（或者）不连续的变化时，情况尤其如此。鉴于此，委员会成员尤其认为，需要一个明确的指标，显示导致气候变化达到危险程度的大气温室气体浓度（或者可以合理地预测在今后会导致大气温室气体浓度达到危险水平的温室气体排放量水平）。（由大气温室气体浓度增加引起的）气候变化还是一个特殊的问题，因为它确实构成一个需要跨国衡量的全球问题。只有在科学界的帮助下才能确定这类实物指标。幸运的是，在这一领域已经开展了大量工作。

### 下一步做什么？

委员会认为，这份报告是一场讨论的开始而非结束。报告提及了应当通过更加广泛深入的研究活动加以解决的问题。其他机构——国家机构和国际机构，应当讨论这份报告提出的建议，确认它们的局限性和探讨它们如何能最大限度地从各自的角度为这个广大的计划作出贡献。

委员会认为，围绕报告提出的问题和建议开展一场全球讨论，这将提供一个重要的论坛来讨论我们作为一个社会关心的社会价值，以及我们是否真的正在奋力争取重要的东西。

在国家层面上，应该建立由利益相关者参加的圆桌会议，确定和按优先顺序排列那些指标，使我们有可能就社会如何进步和如何让社会持续进步形成一致意见。

委员会希望这份报告不仅为这场更广泛的讨论，而且为正在进行的建立更好衡量标准——使我们能够更好地评价经济表现和社会进步——的研究提供推动力。

# 第一章 传统的GDP问题

## 导言

国内生产总值（GDP）是使用最广泛的衡量经济活动的标准。GDP的计算是有国际标准的，而且研究人员主要关注的是GDP的统计和概念基础。可是，虽然GDP主要衡量市场生产，但经常被看待成一个衡量经济健康状况的标准。混淆二者有可能令人对人们的境况产生误解并导致错误的决策。

用金钱衡量经济表现和生活水平的做法已经开始在我们的社会中发挥非常重要的作用。造成这一状况的一个原因是，用金钱评价商品和服务易于把性质非常不同的数量加在一起。我们知道苹果汁和DVD播放机的价格后，就可以把它们的价值加起来，然后用一个数字对生产和消费做出表述。可是，市场价格不止是一种计算工具。经济理论告诉我们，当市场运转正常时，一个市场价格对另一个市场价格的比率反映出购买者对这两种商品的偏好。此外，GDP记录经济中的所有制成品，不管它们是由家庭、公司还是政府消费的。因此，用价格评价它们似乎是一个只用一个数字记录社会在某个特定时刻繁荣状况的好办法。此外，在保持价格不变的情况下观察GDP所记录的商品和服务数量如何随着时间的推移而变化似乎是一个表述社会生活水平实际上如何演化的合理办法。

事实上，情况要更为复杂。首先，有些商品和服务是无价格可言的（比如政府提供免费健康保险，或者家庭养育孩子），由此引出了如何估价这些服务的问题。其次，即使有市场价格，它们也可能偏离社会的基本估价。特别是如果特定产品的消费和生产影响整个社会，那么个人为这些商品支付的价格将不同于它们对整个社会的价值。由生产和消费活动造成的环境破坏并未反映在市场价格中，这就是一个众所周知的例子。

还有一个问题。谈论"价格"和"数量"的概念或许简单易懂，可是定义和衡量它们实际上如何变化是完全不同的事情。事实上，随着时间的推移，许多产品会有变化——它们要么彻底消失了，要么增加了新特点。在信息和通信技术等领域，质量可以非常迅速地发生变化。还有一些产品的质量复杂，而且是多方面的，因此难以衡量，比如医疗服务、教育服务、研究活动和金融服务等。在我们这个时代，有越来越多的买卖活动是通过互联网、在大减价的时候和在廉价商店中进行的，由此为收集数据造成困难。因此，正确地记录质量变化对统计人员来说是一项巨大挑战，然而这对衡量实际收入和实际消费这些决定生活状况的关键因素是至关重要的。低估质量提高的状况等同于高估通胀率，也就等同于低估实际收入。例如，在上世纪90年代中期，一份评估美国衡量通胀情况的报告（博斯金委员会报告）说，商品和服务质量的提高没有得到充分考虑这一情况导致年通胀率被高估了0.6%。这导致美国消费价格指数发生一系列改变。

欧洲人的讨论趋向于相反的方向：人们批评官方价格统计数字低估了通胀。这在一定程度上是因为人们对通胀的感觉不同于消费价格指数体现的全国平均水平。还有一个原因是，人们觉得统计人员过度计入了产品质量提高这一因素，因而对国民实际收入的描述过于美好。

为了让市场价格反映消费者对商品和服务的评价，还有一个必要的条件，那就是消费者可以自由选择和处理相关信息。不用想就知道，这一条件不是总能得到满足的。复杂的金融产品就是一个由于消费者不了解而使市场价格不能传达正确经济信号的例证。电信公司提供的复杂和不断变化的捆绑服务是表明难以确保价格信号具有透明性和可比性的又一个例证。

上文考虑的所有这些因素意味着，在时间和空间对比上要谨慎解读价格信号。对于许多目标来说，价格信号并不是一种计算数量之和的有效手段。这并不意味着利用市场价格来建立经济表现的衡量标准往往是有缺陷的。不过它的确说明要谨慎，尤其是要谨慎对待GDP这个经常被过分强调的衡量标准。

本章提出了5个方法来解决GDP作为生活水平指标所存在的一些缺陷。第一，在国民核算中强调GDP之外的其他既定指标。第二，增强对关键生产活动的实证衡量，特别是在提供公共医疗卫生服务和教育方面。第三，体现家庭视角。这对于考虑生活水平是最相关的因素。第四，把收入、消费和财富分布的信息加进记录这些因素一般发展变化的数据。最后，扩大衡量范围。特别要注意的是，很大一部分经济活动发生在市场之外，因此往往没有体现在既定的国民核算中。不过，如果没有市场，就没有市场价格，那衡量这类活动的价值就需要估算价值。这些估算价值是有意义的，但却是要付出代价的。我们将首先讨论估算价值，然后再转向其他方面。

## 估算价值——广泛性与可理解性

估算价值的存在有两个相关的理由。首先是广泛性。有一些生产性的活动和相关的收入流动（通常是非货币的）是发生在市场领域之外的，其中的一些被纳入了GDP。最最重要的是估算房主住在自家住宅里，由此所获服务的消费价值。不存在市场交易，也没有支付活动，但在国民核算中，对这种情况的处理就好像是房主自己给自己付房租。多数人会同意，如果两个人收入相同，但一人住在自有住房里，而另一人租房住，那他们的境况就不一样——因此需要进行这项估算以便更好地在不同时间和不同国家之间比较收入。这把我们带向进行估算的第二个理由，即不变性原理：计算主要的总值与一个国家的制度安排无关。例如，如果公共部门和私营部门提供完全相同的医疗服务，那么总产量不应因制度不同而受到影响。

坚持不变性原理的主要优点是，能够更好地在不同时间和不同国家之间进行比较。因此，比如"调整后的家庭可支配收入"额（见下文）就包括一个对政府直接提供给国民的服务的估算价值。

估算价值可大可小，取决于所考虑的国家和国民核算总额。比如在法国和芬兰，主要估算价值占调整后家庭可支配收入的1/3左右，但在美国仅占20%多一点儿。因此，如果缺乏估算价值，那么法国和芬兰家庭的生活水平就低于美国了。

然而，估算是有代价的。一是数据质量：估算价值通常没有测量值可靠。再就是估算价值影响人们对国民核算的理解。人们并不认为所有估算价值都等同于收入，结果可能就是，看到的收入变化与测定的收入变化有差异。当我们放宽经济活动的范围、把不以市场为中介的其他服务包括在经济活动的范围之内时，这一问题会加重。我们在下文对家庭工作的估算值大约占用传统方法衡量的GDP的30%。如果把休闲也考虑在内，那么估算值所占的比例就达到80%。让估算数据对总值有如此巨大的影响是不好的。

没有解决广泛性和可理解性二者之间对立的简单办法，除了把两方面的信息都提供给使用者并区分核心账目和附属账目。比如，全套家庭账目可能在国民核算总值中不占据核心位置。但是对全部家庭生产形式进行估价的附属账目将是一项重大的改进措施。

**在现有的衡量框架内能做什么**？

**除GDP外，还要强调国民核算总值**

要想减轻对GDP作为生活水平衡量标准的批评，第一步就是要，比如通过考虑折旧因素以便处理经济活动的净值而非总值来强调国民核算总值。

总值没有考虑固定资产的折旧。如果要把大量产出用于更新机器和其他固定资产，那么社会的消费能力就要低于在只需把少量产出用于更新机器和其他固定资产的情况。经济学家之所以更为严重地依赖GDP而非国内净产值（NDP）在一定程度上是因为折旧是难以估算的。在生产结构保持不变的情况下，GDP和NDP非常接近。可是在最近几年，生产结构发生了改变。信息技术资产作为固定资产的重要性提高了。计算机和软件的使用寿命低于钢厂的使用寿命。基于这些原因，GDP和NDP之间的差异可能不断加大，同时暗示，NDP没有GDP增长得那么快。例如，美国实际GDP在1985年至2007年期间大约每年增长3%。在同一时期，折旧增加了4.4%。结果，实际国民生产净值（NNP）的增长速度要稍微慢于GDP。

对于一些国家来说，更为重要的是，标准折旧数据没有考虑自然环境质量的退化。研究人员进行各种各样的尝试，想扩大折旧的范围，以便反映环境退化（或改善，如果情况的确如此），但是没有取得多少成功。障碍是，要可靠地衡量和用货币评价环境质量的变化是困难的。

自然资源消耗的问题稍有不同——至少存在一个市场价格，即便这个价格并不反映对自然资源的使用所造成的环境破坏。可以用采矿和伐木这类部门的产值减去所采集的自然资源的价值来记录自然资源的消耗。那么，这两个部门的生产就只存在于单纯的采掘和采伐活动中，相应地导致GDP减少。第二种可能性是以折旧的办法考虑自然资源消耗。在这种情况下，GDP不发生变化，但NDP将减少。

在一个全球化的世界中，国民收入和国内产量之间可能存在很大差异。可是前者显然对衡量国民的幸福更重要。我们将在后面讨论，家庭领域与我们考虑的问题尤其有关，而且对于家庭来说，从收入这一角度考虑比从产量这一角度考虑要恰当得多。居民的一部分收入被送往国外，还有一些居民从国外获得收

入。国民核算的标准变量——国民可支配净收入记录
了这些收入流转。图1.1显示，爱尔兰的收入在GDP中
所占比例减少。这反映了外国投资者送回本国的利润
比例增大。虽然这些利润包含在GDP中，但是它们并
未提高国民的消费能力。对一个贫穷的发展中国家说
它的GDP增加了是没有多少意义的。它想知道的是，
其国民是否生活得更好了，而对于这个问题来说，国
民收入比GDP更重要。

此外，进口价格的变化非常不同于出口价格的变
化，而在评价生活水平时必须考虑相对价格的这些变
化。图1.2显示挪威的实际收入和产量之间的差异。
挪威是一个有丰富石油储备的OECD成员国。在油价

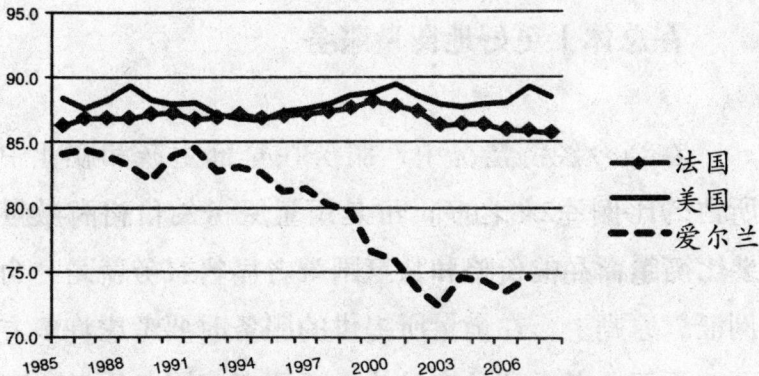

图1.1 国民可支配净收入占GDP的百分比

来源：OECD年度国民核算。

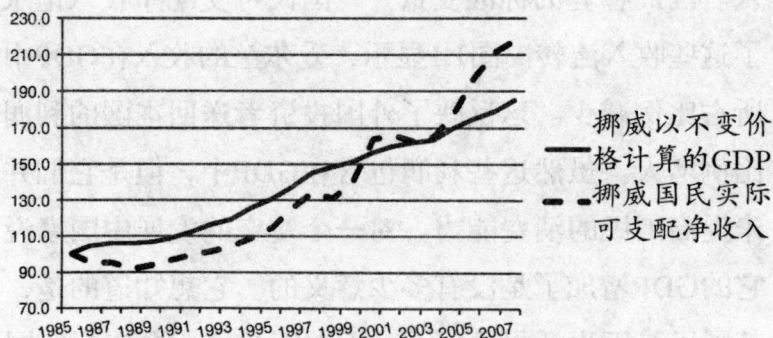

图1.2　挪威的GDP和可支配收入

来源：OECD年度国民核算。

上涨的时候，其国民收入的增长速度快于GDP。在许多发展中国家，出口价格相对于进口价格往往是下降的，因此其国民收入的增长速度要慢于GDP。

### 在总体上更好地衡量服务

在当今经济情况中，服务在全部生产和就业中所占的比例达2/3之多，可是衡量服务的价格和数量要比衡量商品的价格和数量困难。零售服务就是一个例证。原则上，在衡量所提供的服务时要考虑许多方面，不仅要考虑商品交易量，还要考虑服务质量（商店是否近便、员工的总体服务水平、商品的品种和陈列等等）。连定义这些服务都不容易，更不要说衡量它们了。统计机构一般把销售量用作商业服务量的指标。这个方法几乎完全忽略了所提供的商业服务在质量上的变化。零售业的情况也适用于许多其他服务行业，包括那些通常由政府提供的服务，比如健康和教育。我们需要做出更大努力，认真跟踪现代经济中的服务数量和质量。

### 尤其要更好地衡量政府提供的服务

政府在当今经济中发挥着重要作用。一般来说，它们提供两类服务——一类是"集体性的"，比如安保，另一类是"个性化的"，比如医疗服务和教育。这并不意味着这些服务必定完全由政府提供。实际上，私人和政府提供的个性化服务所占的比例在各国的情况是有很大不同的。虽然我们可以争论集体性服务对国民生活水平的贡献，但是个性化服务，特别是教育、医疗服务和公共体育设施，几乎毫无疑问地得到国民的积极评价。这些服务一般是大规模的，但没有得到恰当的衡量。传统上，对于政府提供的非市场服务，衡量标准一直是以提供这些服务所使用的投入为基础的，而不是以实际产出为基础的。这种做法的一个直接后果是，政府提供服务的生产率变化被忽视了，因为我们让产出和投入以同样的节奏变化。由此得出结论，如果公共部门的生产率出现正增长，那么我们的衡量标准将低估增长。

许多国家已经开始着手制定与投入无关的产出标准来衡量由政府提供的服务，不过这是一项艰巨的工作。例如，美国在医疗保健上的人均支出比许多欧洲国家要多，可是按照一般健康指标进行衡量的结果却更差。这意味着美国人得到的医疗保健服务少吗？或者意味着他们的医疗保健服务收费更高和（或者）服务效率更低？还是意味着除医疗保健支出之外，健康状况还取决于美国社会特有的一些因素？我们需要把医疗保健支出的变化分解为价格和产出因素。可是人们期望的产出究竟有多大？我们很想用人口的健康状况来衡量医疗保健服务。问题是，医疗保健支出与健康状况几乎没有关系。支出与向医疗服务机构投入的资源有关，而人口的健康状况受多重因素驱动——教育方面的情况也基本如此。例如，人们的生活方式影响健康状况，而父母花在孩子身上的时间影响考试成绩。如果把健康或者教育状况的变化完全归因于医院或者学校和对它们的投资，那就会忽视所有这些因素并可能产生误导作用。

我们要寻找更加准确的标准来衡量公共服务的增

长量。不少欧洲国家还有澳大利亚和新西兰已经制定了基于产出的标准来衡量政府提供的主要服务。对这些行动的一项重大挑战仍然是记录质量变化。如果不能恰当地衡量质量（相当于恰当地估算生产率增长），那就不可能确定传统的投入标准是低估还是高估增长。如果使用无差别的数量标准，比如仅仅是学生和家长的人数，那么就可能遗漏产出在构成和质量方面的变化。可是，我们必须从某处着手，而且因为所涉及的数字很重要，所以不能忽视这个问题。例如，按照基于产出的衡量标

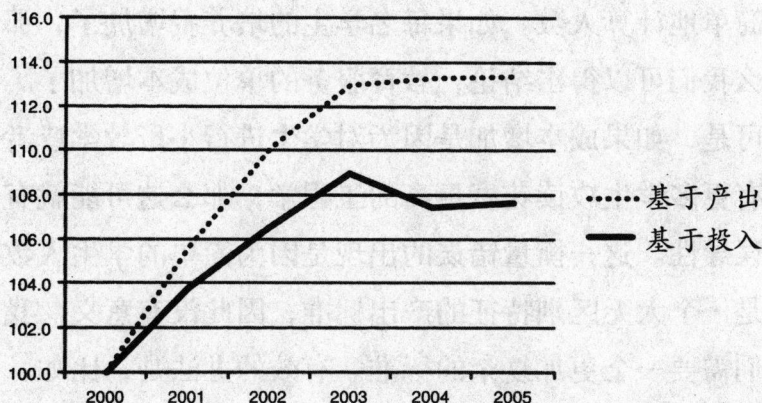

图1.3　丹麦医疗保健服务产出

来源：德韦吉、厄尔伦和瑟伦森（2008年），"丹麦非市场医疗保健服务——对A、B和C方法的实证研究"；向在斯洛文尼亚举行的联合国国际收入和财富研究协会会议提交的论文。

准，英国经济在1995年至2003年的年增长率为2.75%。但如果继续使用以前的方法，那么增长率应该是3%（阿特金森2005年）。法国的情况与此类似。丹麦的一项有关衡量健康产出的研究得出相反的结果，即按照产出标准计算的健康服务产量要比按照投入标准计算的产量增长得快（图1.3）。

对于基于产出的衡量标准来说，评判其可靠性的一个重要标准是，它们是建立在详细观察结果的基础之上的。这些观察结果详细到足以避免把实际数量的改变与构成因素混淆。我们可以问有多少学生，然后简单地计算人数。如果每名学生的培养费增加了，那么我们可以得出结论，教育服务的单位成本增加了。可是，如果成本增加是因为对学生进行小班教学或者有更多学生攻读花费更高的工程学，那么这可能就有误导性。这一衡量错误的出现是因为简单的学生人数是一个太无区别特征的产出标准，因此没有意义。我们需要一个更加复杂的标准。有效的办法是，比如，区别对待给工程学研究生授课一小时的成果和给大学文科一年级学生授课一小时的成果，由此记录质量和构成的某种变化。类似的推理也适用于医疗保健。应该把对不同疾病的治疗视做不同的医疗服务。实际上，一些国家的医疗保健系统确实提供获得这一详细信息所需的行政管理数据。我们的结论是，虽然这是一项艰巨的任务，但是更好地衡量政府提供的个性化服务对更好地评估生活水平至关重要。挖掘新的行政管理数据来源是在这方面取得进步的一个途径。理想的情况是，这一信息还记录服务质量，例如患者在医院是如何被照顾的，或者医护人员花在患者身上的时间等，不过这类数据可能难以收集。在这种情况下，可能需要新的原始数据来源，比如调查结果等。

改善产出量标准并不是说不需要改善和公布投入量标准。只有对服务生产的投入和产出都给予恰当的记录，才有可能评估生产率的变化和比较各国的生产率。

## 重新探讨"必需"开支的概念

可以把保持消费水平和社会运转所需的开支视做一种中间投入——没有直接效益，因此从这一意义上说，这些开支不带来最终商品和服务。例如，诺德豪斯和托宾在他们1973年发表的开创性论文中把那些"显然本身不能直接产生效果，但对那些可能产生效果的活动来说却是绝对必要的投入"的活动看做"必需"活动。他们特地把城市化和复杂现代生活产生的开支考虑在内而调低了收入。许多这类"必需"开支是由政府产生的，其他一些是由私营部门产生的。例如，监狱开支可以看做政府产生的必需开支，而通勤费可以看做私人产生的必需开支。许多作者建议把这些开支视做中间而非最终产品。它们也因此不是GDP的一部分。

但是，在确定哪些开支是必需的，哪些不是时却有许多困难。例如，如果新建了一座公园，那么这是用以缓和城市生活不舒适感的必需开支还是非必需的娱乐服务？有哪些可能的解决办法？以下是一些可供选择的办法：

第一，关注家庭消费而非总的最终消费。就许多目标来说，前者是一个更加有意义的变量。而且政府的所有集体消费开支（包括监狱、军费和清理漏油的开支等）都自动被排除在家庭最终消费之外。

第二，扩大资产范围。在很多情况下，必需开支包括投资和资本货物。这时，要把它们视做与传统生产中的维修费非常类似的开支。例如，可以把健康开支视做人力资本投资而非最终消费。如果有一种记录环境质量的资产，那么也可以把用来增加和维护这种资产的开支视做一种投资。相反地，可以用一种广泛衡量折旧或消耗的标准来记录对这一资产有害的经济活动后果，于是净收入或净产量相应减少。因此，正如在上文所讨论的，我们应该用净值而非总值来衡量生活水平。

第三，扩大家庭生产范围。对于一些"必需"开支，我们无法合理地把它们视做某种投资。以通勤费为例。家庭产生交通服务——它们使用自己的时间（劳动投入）和金钱（车票费）。除消费者购买车票这个被视做最终消费的活动以外，上述所有流量都没有计入产量和收入。矫正的办法是，让私人经济"补贴"家庭的交通服务生产，将这些服务视做对公司的一种未付款的中间投入。虽然这个办法不改变总的GDP，但是它显示家庭对生产的贡献较大，公司对生产的贡献较小。

这些方法面临的最大障碍是实施。如何正确地确定必需开支的范围？如何计算新资产和非现金流量的价值？而且，毫无疑问，扩大资产和产量的范围将带来更多的估算值。

## 要同时考虑收入、财富和消费

收入是衡量生活水平的一个重要标准，但是最终起重要作用的是消费和随时间推移的消费潜力。时间带来财富。财富高于平均水平的低收入家庭要比没有财富的低收入家庭境况好。财富的存在也是收入和消费不一定相称的一个原因。如果收入是一定的，那么可以通过消耗资产或者增加债务来增加消费，或者通过储蓄和增加资产来减少消费。因此，财富是显示实际消费可持续性的一个重要指标。

经济的总体情况也是如此。要想建立某个经济体的资产负债表，我们必须全面了解它的资产（实物资本——很可能还有人力、自然和社会资本）和它的债务（欠其他国家的债务）。要想了解经济情况，我们必须搞清财富的变化。在某些情况下，了解财富的变化可能比估算财富总量容易。财富的变化需要用总投资（对实物、自然、人力和社会资本的投资）减去这些资产的折旧和消耗。

虽然理论上可以从国民核算账户的资产负债表中获得家庭财富的一些主要方面的信息，但是这一信息往往不全面。此外，某些资产并没有包含在标准的核算框架内，尤其是人力资本。一些估算人力资本存量货币价值的研究结果发现，它们在全部财富中所占的比例很高（80%以上）。从很多方面来看，系统地衡量人力资本有重要意义，而对于一个衡量家庭生产的广泛标准来说，它是必不可少的组成部分（见下文），也是用于建立可持续性指标的一个信息。

注意在计算存量方面的一个基本问题。如果有资产市场，那么可以用买卖资产的价格计算总的存量。可是对于某些资产来说，可能没有市场或者在市场上没有这些资产的买卖，就像近期某些金融资产的情况一样。这就提出了如何计算它们的问题。而且，即使有市场价格，也只有一小部分现有存量参与了交易，而且这些交易可能非常不稳定，以致令人怀疑资产负债表是否能说明问题。这说明，有关资产和债务的基本信息对评估各个部门的经济健康状况和这些部门面临的金融风险至关重要。

## 体现家庭视角

可以计算私人经济的收入也可以计算经济的总收入。国民的一些收入以税收的形式被拿走了，因此不受其支配。不过政府拿走这些钱是有原因的，即提供公共商品和服务，向比如基础设施投资和向他人（一般是更需要的人）转让收入。常用的家庭收入衡量标准加上和减去这些转让款，由此得到的结果被称做家庭可支配收入。不过，可支配收入只记录家庭和政府之间的货币转让数额，而忽视了政府所提供的非现金服务。

## 把政府提供的非现金服务计算在内的家庭收入

我们在上文中提到了不变性原理。根据这一原理，一种由政府实施的行为转为由私营部门实施，或者反过来，这除了会影响质量或者使用之外，不应改变我们对表现的衡量结果。这就是一种完全以市场为基础的收入标准的局限性所在，也是我们可能需要一种把制度差异考虑在内的衡量标准来在不同时间和不同国家之间作比较的原因。调整后可支配收入就是一种在一定程度上符合不变性原理的国民核算项目，至少就政府实施的"社会非现金转让"来说。

举例说明调整后可支配收入的意义是最好的（表1.1）。假设一个社会的劳动力收入为100，活跃在劳动力市场上的个人购买私人健康保险。他们每年支付的保险费为10。可以把这一数额分解为8份的保险费（保险公司计算的金额）和2份的保险服务费。同时，个人因生病报销了8份的医疗开支。在这种情况下——让我们称之为情况A，没有税收，而且保险索赔款和

### 表1.1 私人和公共保险计划

| | 私人保险计划（情况A） | 公共保险计划（情况B） |
|---|---|---|
| 劳动力收入 | 100 | 100 |
| 税金 | 0 | −10 |
| 保险费（不包括保险服务费） | −8 | 0 |
| 保险索赔款 | +8 | 0 |
| **家庭可支配收入** | 100 | 90 |
| 社会非现金转让 | | +10 |
| ——报销款 | 0 | +8 |
| ——保险运营费 | | +2 |
| **调整后家庭可支配收入** | 100 | 100 |

保险费互相抵消，这样家庭可支配收入为100。现在，假设政府决定向所有人提供同样金额的健康保险，资金来自10份的税收。什么都没有变，除了现在是由政府收取保险费和分配收益（情况B）。但是根据标准的国民核算统计数字，家庭可支配收入下降到90。因此，这里的可支配收入产生一个歪曲的比较结果。如果在情况B（8份相当于报销的健康开支，2份相当于保险运营费）中把家庭从政府获得的社会非现金转让加进去，那么调整后的家庭可支配收入就显示，两种

情况没有差别。

然而，上述例子完全没有考虑哪个保险体系的成本效率更高，也没有考虑私人保险公司可能获取的利润——它仅仅假设私人和公共保险服务费等同于2个货币单位。实际上，几乎可以肯定，情况不是这样，不过我们难以全面考察这类计划的相对效率。如果保险服务业没有很强的竞争性（在大多数国家，这是一个合理的假设），那么由私营部门转为由公共部门提供保险服务就体现为利润减少和保险价格下降。即使利润以红利的形式分配给家庭，提供形式上的变化（从私营形式变为公共形式）也能使人们更容易获得保险服务。有机会保某些险种对人们的幸福有积极作用。

虽然无法估算保险服务的价值会导致一系列偏差，但是用提供这些服务的成本来衡量一些社会非现金转让（在上述例子中与保险运营费相对应的社会非现金转让）的价值这一情况会造成其他一些偏差。在一些国家，特别是在发展中国家，这些服务的成本可能大大超过它们对家庭的价值，家庭可能获得很少或者根本没有获得这一价值。在这种情况下，使用调整后家庭收入的结果将是大大高估家庭收入和消费水平。在某种程度上，可以用基于产出的标准来衡量政府提供的健康和教育服务量，由此来解决这一问题。

还有一种可能性是，人口的不同部分从政府提供的社会非现金转让获得的好处不均等。因此，分配是一个重要的方面。

社会非现金转让包含的重要项目有健康和教育服务、补贴性住房、体育和娱乐设施等一些以低价或者免费提供给国民的项目。在法国，中央政府几乎提供所有这些服务，在2007年耗资约2900亿欧元。教育和公共医疗卫生服务在总的非现金转让中各占1/3左右，住房以及娱乐和文化活动（博物馆、公园等）占10%左右（图1.4）。

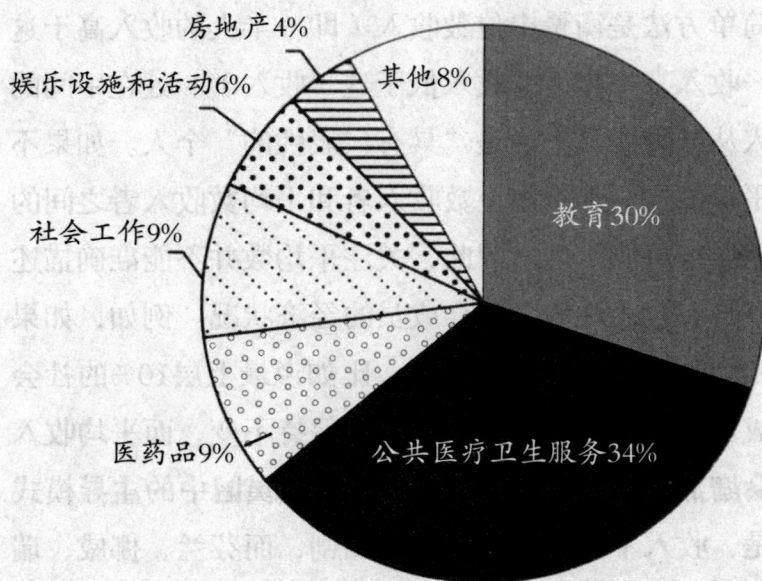

房地产4%
娱乐设施和活动6%
其他8%
社会工作9%
教育30%
医药品9%
公共医疗卫生服务34%

图1.4 法国中央政府2007年提供的社会非现金转让
来源：INSEE

## 中位数和平均数——收入、消费和财富的分布

人均收入和财富的数值并不能说明可利用的资源是如何在人群和家庭之间分配的。同样，平均消费也不能说明人们如何有效地受益于这些资源。例如，在收入分配变得不那么平等后，人均收入仍可以保持不变。因此，我们有必要研究不同人群的可支配收入、消费和财富信息。从概念上讲，记录分布情况的一个简单方法是衡量中位数收入（即一半人的收入高于这一收入，一半人的收入低于这一收入）。处在中间的人从某种意义上说是"具有代表性的"个人。如果不平等加剧，那么中位数收入者和平均数收入者之间的差异很可能扩大。因此，关注平均数并不能准确描述"具有代表性的"社会成员的经济状况。例如，如果社会收入的全部增量来自，比如说最上层10%的社会成员，那么中位数收入仍可能保持不变，而平均收入会增加。在过去20年，在OECD成员国中的主导模式是，收入不平等相当普遍地加剧，而芬兰、挪威、瑞典（起点低）和德国、意大利、新西兰和美国（起点高）的收入不平等明显加剧。在这些情况下，中位数

和平均数所描述的社会状况是有差异的。或者，可以跟踪不同收入群体可支配收入的变化。这种方法将，例如，研究有多少人的收入低于某个临界收入水平，或者研究处在最上层的10%或者最底层的10%的社会成员的平均收入。类似的计算方法也适用于研究消费和财富。实证研究结果一再显示，消费的分布状况可能与收入的分布状况有相当大的差异。实际上，衡量物质生活水平分布情况的最合适标准很可能是建立在同时考虑家庭或个人的收入、消费和财富状况的基础之上。

在实践中，从平均数转向中位数要比表面上看起来困难。平均数是用总数除以人数得到的。为研究分布问题，我们需要能提供单个家庭或一组家庭情况的微观经济信息。微观经济数据涉及住在自己家里的人，而且通常是从家庭收入调查结果中获得的，而来自国民核算的宏观经济数据是从一系列不同的来源获取的，而且包括住在集体户（比如监狱和长期照料机构）中的人。

在选择的衡量单位上也有重要不同。宏观数据描述整个国家或整个部门的总体情况，而微观数据以家庭为单位，即资源共享和因不同需求调整收入是在家庭中进行的。例如，家庭运转的成本是固定的，那么以相同的人均收入，大家庭的生活水平就更高。把人口统计学和一些分布问题纳入收入数据的另一个做法是，计算每个消费单位的可支配收入而非每人的可支配收入。消费单位是指，在考虑了因规模扩大而得到经济节约后对其规模做出调整的家庭。随着家庭规模的缩小，这一调整措施的重要性也越来越大。

在这个背景下，我们可以研究几个国家平均和中位数家庭收入的变化（图1.5）。人均收入和每个消费单位的平均收入不同，这反映了一种家庭规模缩小的趋势。做收入调查可以使我们比较平均和中位数收入。在法国，这两项的走势是平行的。至少从这一角度说，收入分配不平等没有扩大。美国的情况有所不同，其人均收入和每个消费单位的平均收入以同样的速率增长，但中位数收入和平均收入之间的差距在扩大，这说明美国的收入分配不平等加剧。

有很多衡量问题会影响上述结论。造成微观和宏观数据之间差异的一个原因是财产所得，不管是不是估算值。如果这一总值在微观数据中没有得到恰当的衡量，那么这就可以解释在法国，这些数据中的平均收入和中位数收入的走势为何是平行的，因为该国的工资不平等状况没有财产所得的不平等状况重要。还有一种可能性，即高收入在家庭收入调查中没有得到

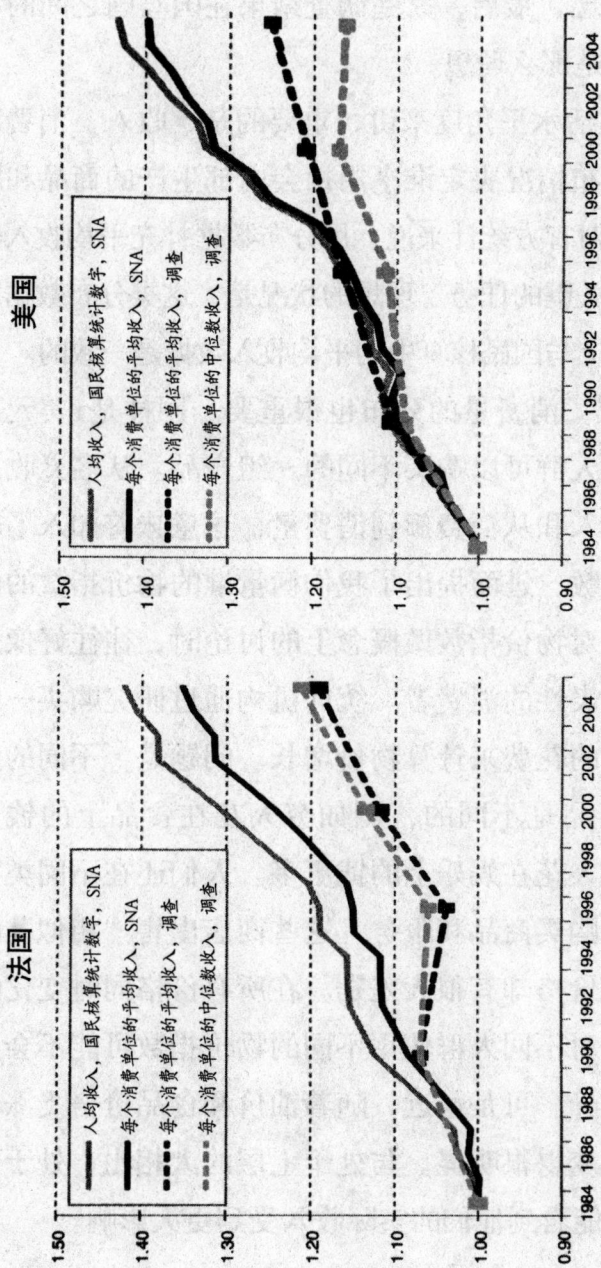

**图1.5 家庭可支配收入在不同衡量方式中的走势**

来源：根据OECD的国民核算统计数字和收入分布数据计算的结果。

充分的体现。最后，家庭调查结果在国与国之间的可比性远不是那么理想。

从生活水平角度来讲，重要的是，收入、消费和财富的分布情况决定谁享用社会内部生产的商品和服务。因此对官方统计来说，用分布数据补充平均收入数据是一项关键的任务。理想的状况是，这类分布数据应该在范围上与国民核算中的平均收入数据是一致的。

同样，消费量的分布也很重要。同样是1美元，不同收入人群可以购买不同的一组产品。从名义收入到实际收入和从消费额到消费量，这意味着加入了一个物价指数，进而提出了我们衡量谁的物价指数的问题。我们对物价指数做概念上的讨论时，往往好像只有一个代表性的消费者。统计机构通过研究购买一组一般商品的花费来计算物价增长。问题是，不同的人购买的商品是不同的，例如穷人花在食品上的钱更多，而富人花在娱乐上的钱更多。人们还在不同类型的商店中购买商品和服务。这些商店出售"相似"的商品，但价格却有很大差别。在所有价格同时变化的情况下，对不同人群使用不同的物价指数可能不会造成多大差异。可是最近，随着油价和食品价格飞涨，这些差异变得很明显。与处于上层的人相比，处于下层的人可能看到他们的实际收入受到更大影响。

我们在评价社会主要群体（年龄、收入、农村还是城市）的经济状况时需要一个他们（实际）个人消费物价指数。法国衡量家庭购买力委员会提出的建议之一是，为房主、租房住的家庭和即将购房的家庭制定不同的消费者物价指数。不过，要想建立一套完整的依社会经济群体不同而不同的物价指数需要收集与人口不同组成部分相对应的不同价格，以便把社会经济因素纳入数据收集方案的考虑范围。这很可能证明是困难和代价高昂的，因此应该作为一个中期研究目标。这个建议与2002年在美国举行的"建立生活费用指数时的概念、衡量和其他统计问题专题小组讨论会"得出的结论是一样的。这类工作不仅能提高降价手段的质量，还能使国民更容易把他们的个人状况与统计机构公布的一些收入和价格数据加以比较。

## 用更广泛的标准来衡量家庭经济活动

家庭和社会的运转方式已经有了很大变化。例如，人们如今在市场上购买许多在过去从其他家庭成员得到的服务。在国民核算中，这一变化转化为收入的增加，由此可能给出生活水平有变化这一错误的印象，但其实这一变化只反映了由非市场途径变为通过市场途径提供服务。正如我们讨论过的，由私人提供某种商品和服务转为由政府提供，或者反过来由政府转为私人提供的做法不应影响所测得的产出。同样，由家庭生产转为市场生产，或者反过来由市场生产转为家庭生产的做法也不应影响所测得的产出。但我们在上文中提到，目前的规则的确会导致在两种情况下所测得的收入不相同。

设想一个有两名子女的四口之家，其年收入为5万货币单位。在这个家庭中，父母只有一方上班挣钱，另一方专门进行家庭生产。待在家中的一方承担了购物、做饭、清洁和照顾孩子等全部家务。因此，这个家庭根本不需要用市场收入购买这些服务。现在，设想另一个有两名子女的四口之家，其每年的总收入也是5万货币单位。但在这个家庭中，由于父母双方都要上班，他们两人谁都没有时间进行家庭生产和照顾孩子。他们必须花钱请人来完成购物、做饭、清洁和照顾孩子这些家务。他们的可用收入因此减少了。

传统的衡量结果认为这两个家庭的生活水平是一样的，但显然它们是不一样的。强调市场生产的做法会对生活水平作出有偏颇的描述——在市场生产方面测得的某些增量可能只反映了生产地点由家庭转为市

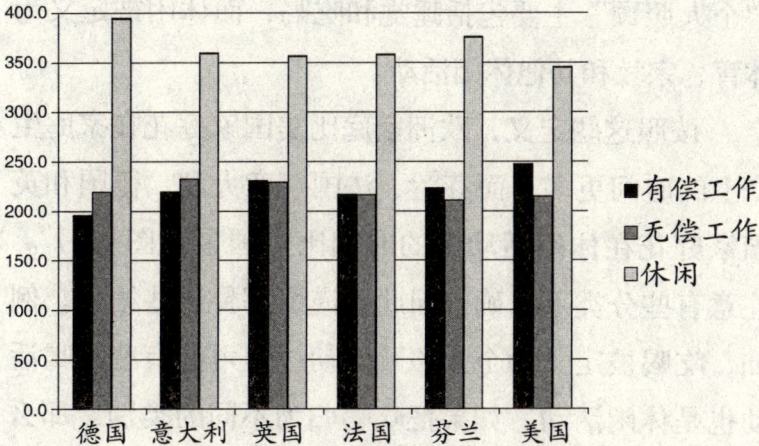

**图1.6　家务、有偿工作和休闲**

每人每天的分钟数，可得到的最新数据

★使用一套标准的个人照顾项目；美国2005，芬兰1998，法国1999，德国2002，意大利2003，英国2001。

来源：OECD（2009），变得不平等？OECD成员国的收入分配和贫穷状况；巴黎。

场这一情况。

　　为理解家庭生产在经济上有多么重要，我们必须从研究人们如何使用时间着手。图1.6第一次比较了每个家庭每天花在各种活动上的时间。家庭生产包括花在家务、购买商品和服务、照顾和帮助家庭和非家庭成员、志愿活动、打电话、邮寄东西和收发电子邮件上的时间以及进行所有这些活动时花在路上的时间。

"个人照顾"主要包括睡觉和吃喝，而休闲被定义为体育、宗教和其他休闲活动。

按照这些定义，欧洲家庭比美国家庭花在家庭生产上的时间更多，而芬兰、法国、意大利、德国和英国家庭花在休闲活动上的时间比美国多（图1.6）。注意有些分类不明确，因此要谨慎解释这些结果。例如，吃喝被定义为个人照顾活动，但可能有些吃喝活动也是休闲活动。如果把吃喝归为不同的类别，那么时间使用的情况就不一样了。我们的结论是，在为特定活动归类和在各国之间比较花在这些活动上的时间方面有完善和调整的余地。

如果我们对这些问题忽略不计，那么就有可能提出一个起说明作用的计算法国、芬兰和美国家庭生产价值的方法。我们在这里选用的方法很简单，即用费用衡量家庭服务生产的价值。劳动价值是通过把一名技能最广的家庭工作者的工资率与人们花在家务上的时间相乘来估算的。在这里，方法很重要，特别是，如果在计算劳动和资本价值时选用不同的假设，那结果可能非常不同。我们也没有考虑家庭生产中的生产率变化情况。

不过，我们的估算结果的确提供了数量的大小排列次序。显然，而且根据以前的研究结果也不令人惊讶，独自承担的家庭服务生产的估算值在所有国家都相当大。在法国（1995—2006年平均值），家庭生产的价值在用传统方法测得的GDP中约占35%。同一时期，芬兰约占40%，美国约占30%。

一旦开始考虑非市场收入，就要考虑休闲。在把时间花在创造收入（市场的和非市场的）的同时，我们购买或者生产商品和服务，以满足我们的需要或者仅仅是为了享受。可用于休闲的时间显然对幸福有影响。在不同时期休闲时间的变化和各个国家在休闲时间上的差异体现了幸福状况较为重要的方面之一。因此，只关注商品和服务会歪曲对生活水平的比较结果。这在世界开始屈服于环境限制时尤其重要。我们也许不可能无限增加生产，尤其是商品的生产，因为这会造成环境损害。可以利用征税和规定来限制生产。可是，如果在休闲时间增加（和环境质量提高）的情况下，这些措施导致我们得出结论说生活水平下降了，那就错了。随着社会进步，预计人们将以休闲的形式享受社会进步的某些成果，这没有什么不合理。不同的社会可能对生活水平提高做出不同的反应，而我们不希望对那些选择享受更多休闲时光的社会做出有偏颇的判断（比如在判断成功时）。

在衡量休闲价值时，还是要从使用时间的数据着手。我们把每天的平均休闲时间和处于工作年龄的人口数量相乘，再和经济体中的平均工资率相乘。同样，这一过程也会带来许多衡量问题，但是这里的目的是为了显示，评估休闲的价值是可行的，而且可以在各国之间做有意义的比较。对此处列举的3个国家来说，休闲的价值大致是名义上的家庭可支配净收入的两倍。比名义上的收入水平更有意思的问题是，对休闲的考虑将如何影响所测得的实际收入增长率和在国与国之间进行比较的结果。表1.2记录了这个问题。它显示了调整后家庭收入的变化。上一行是将家务计算在内的家庭收入，下一行是将家务活和休闲计算在内的家庭收入。对这3个国家来说，新的实际收入都要比

**表1.2　家庭实际收入**

年度百分比变化，1995—2006

|  | 法国 | 美国 | 芬兰 |
| --- | --- | --- | --- |
| **调整后可支配收入加上家务** | | | |
| 总数 | 1.9% | 2.9% | 2.0% |
| 每个消费单位 | 1.1% | 1.7% | 1.6% |
| **调整后可支配收入加上家务和休闲** | | | |
| 总数 | 2.3% | 1.4% | |
| 每个消费单位 | 0.7% | 1.0% | 0.9% |

传统方法计算的收入增长得慢。如果表示为每个消费单位的收入（即把家庭规模计算在内的每个家庭），这3个国家的收入增长率变得非常相似。

我们要在这里重申，上述估算结果是不精确的。这些结果至多表示数值的大小排列次序，因此不要过度解读。不过，显然，找到更广泛的标准来衡量家庭经济活动和休闲对在不同时间和不同国家之间作比较的结果的确有影响。我们需要开展更多工作对方法进行检测，挑选出最关键的参数和检测这类衡量标准是否健全。只有充分相信可以更广泛地衡量收入，统计机构才会更广泛地采用这些标准。

比估算实际收入的变化率更有意义的是，评估家庭生产和休闲如何影响对各国收入水平进行比较的结果。应该用实际收入比较收入水平，所以我们建立货币转换器，即所谓的购买力平价（PPP），它使我们能够比较各国的"全部"收入（包括家务和休闲）。图1.7比较了法国和美国的3项总收入。第一个比较项目使用了常用的可支配收入标准。在这里，法国的人均收入大约是美国可比较数字的66%。加入政府提供的服务，比如公共医疗卫生和教育服务后，结果变为79%。如果再把家务和休闲计算在内，那么最后得到的相对收入水平为87%。

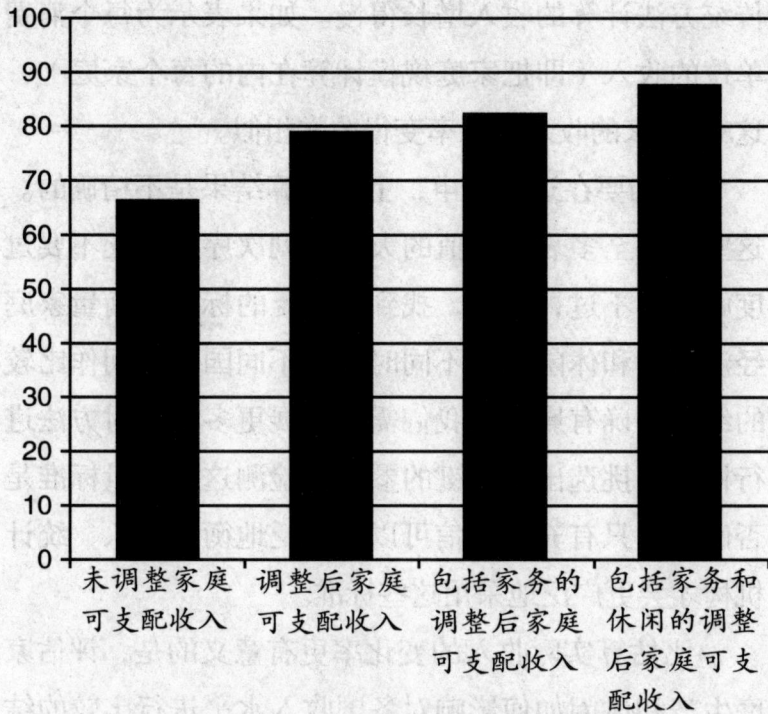

图1.7 法国2005年相对于美国的人均实际收入

美国=100

## 全部收入的分布

　　我们在上文讨论过，要用提供分布信息的衡量标准补充平均收入的衡量标准。用于研究收入分布的基本原理不仅同样适用于市场收入，而且适用于更广泛的标准，比如全部收入。把独自承担的家庭服务生产和休闲的因素考虑在内后，总收入会受到影响，还可能改变已确立的收入分布状况。

可是，建立标准来衡量全部收入的分布情况是一项艰巨的任务。最大的困难是为在宏观层面上估算的收入分类，例如对自有住宅房租的估算值。对其他独自承担的家庭服务的估算值也归入这一类。对于政府提供的非现金服务的分布情况来说，情况也是如此。

一些衡量难题仍然不应阻止我们更加全面地描述收入和财富的分布状况。我们一定要研究全部收入的分布状况。

**要点和建议**

建议1：着眼于收入和消费而非生产

GDP是使用最广泛的衡量经济活动的标准。GDP的计算是有国际标准的，而且研究人员主要关注的是GDP的统计和概念基础。可是，虽然GDP主要衡量市场生产，但经常被看待成一个衡量经济健康状况的标准。混淆二者有可能令人对人们的境况产生误解并导致错误的决策。物质生活水平与实际收入和消费的关系更密切。在把贬值、流入和流出一个国家的收入以及产出价格和消费产品价格之间的差额计算在内后，生产可能扩大了，但收入却减少了，或者生产缩小但收入增加。

建议2：综合考虑收入、消费和财富

收入和消费对评估生活水平至关重要，但是最终只有结合财富信息才能计算收入和消费。某家公司财政状况的一个关键指标是它的资产负债表，资产负债表也适用于整个经济。为建立某个经济体的资产负债表，我们需要全面记录其资产（实物资本——甚至还可能有人力、自然和社会资本）和债务（欠其他国家的债务）。国家资产负债表不是新概念，但是还是没有多少可利用的资产负债表，因此需要推动各国建立资产负债表。在资产的市场价格不存在或者受到泡沫和泡沫破裂影响的情况下，还需要用一些可替代的评价方法对资产负债表进行压力测试。财富量对衡量可持续性也至关重要。我们转入未来的东西必须以存量表示——物质、自然、人力和社会资本。同样，正确计算这些存量至关重要。

建议3：重视家庭角度

虽然在总体上跟踪经济表现能提供一些信息，但是通过家庭收入和消费可以更好地了解国民物质生活水平的发展趋势。实际上，现有的国民核算数据显示，在许多OECD成员国中，实际家庭收入的增长与实际GDP的增长有很大的差异，通常是前者的增长速度较慢。家庭角度需要考虑不同部门之间的支付款项，比如向政府缴纳的税款、政府提供的社会救济金和向金融公司支付的家庭贷款利息等。如果精确地定义，家庭收入和消费还应反映政府提供的非现金服务价值，比如由政府补贴的医疗保健和教育服务等。

建议4：更加重视收入、消费和财富分布

平均收入、消费和财富是有意义的统计数字，但是它们并未给出生活水平的全部情况。例如，不同群体平均收入的增长情况是不均匀的，令一些家庭的经济状况相对于其他家庭要差一些。因此，要用反映收入、消费和财富分布的指标补充平均收入、消费和财富这些指标。理想的情况是，这类信息不是孤立地呈现，而是联合呈现的，也就是说，要从物质生活水平的3个维度——收入、消费和财富同时获得家庭经济状况的信息。毕竟，收入低但财富高于平均水平的家庭不一定比收入中等但没有财富的家庭差。我们将在生活质量一章再次提到，处理各个维度的"联合分布"信息是有利的。

建议5：把收入标准扩大至非市场活动

家庭和社会的运转方式已经有了很大变化。例如，人们如今在市场上购买许多在过去从其他家庭成员得到的服务。在国民核算中，这一变化转化为收入的增加，由此可能给出生活水平有变化这一错误的印象，但其实这一变化只反映了由非市场途径变为通过市场途径提供服务。家庭自供的许多服务没有体现在官方的收入和生产数据中，但它们却构成经济活动的一个重要方面。它们未包含在官方数据中这一情况更多地反映了数据的不可靠性，而不是概念分歧，因此在这一领域要开展越来越多的系统工作。我们应该从人们如何使用时间的情况——既可以在不同年份也可以在不同国家之间进行比较——着手。除核心的国民核算数据之外，对家庭活动进行全面和定期的描述可以对情况做出补充。

# 第二章　生活质量

## 导言

生活质量是一个比经济产出和生活水平更为广泛的概念。它包含影响我们在生活中看重的一切的各种因素，并不仅限于物质方面。尽管经济核算的某些流派（第一章对此进行了讨论）允许人们把决定生活质量的某些因素纳入经济福利的传统衡量标准，但是，所有以资源（或以人们对商品的掌控权）为基础的研究方法都有重大的局限性。首先，资源只是工具，不同的人将资源转化为福利的方式不同；更会享受生活或在生活的重要领域取得成就的能力更强的个体即使掌控的经济资源较少，也有可能生活得更好。其次，许多资源并未在市场上销售，而即便它们上市销售，价格也会因人而异，比较人们的实际收入也因此成为一个难题。最后一点，人类福祉的许多决定因素都是人们生活环境的一部分：它们不能被称为可估算价格的资源，即便人们的确会在它们之间进行交换。这些理由本身就足以表明，资源并非衡量生活质量的恰当尺度。应该用哪种尺度来评估生活质量取决于人们采用的哲学视角。

古往今来，诸多哲学思考讨论了何谓有质量的生活，而研究领域近年来的进展使我们有了一些可信的新衡量标准。这些研究表明，有必要超越对经济资源的衡量，这种必要性并不局限于发展中国家（过去有关"人类发展"的许多研究工作都是以它们为重点），相反，在富有的工业化国家甚至更加显著。这些衡量标准并没有取代传统的经济指标，它们提供了一个丰富政策讨论、增进人们对其居住社区境况的认识的机会。更重要的是，这些新衡量标准现在有可能从研究领域走向常规的统计实践。尽管其中有些标准反映了相对而言不随时间推移而变化但在不同国家之间存在系统性差别的结构性条件，另一些标准则对政策更为灵敏，更适于我们在较短的时间周期内监测变化。这两种指标在评估生活质量时都能发挥重要作用。

## 衡量生活质量的概念性方法

有3种概念性方法吸引了委员会的注意，委员会认为它们对思考如何衡量生活质量是有帮助的。

●第一种方法的出现与心理学研究密切相关，它是以主观幸福的理念为基础的。有一种悠久的哲学传统认为，个体是自身生活状况的最佳评判者。这种方法跟实用主义传统紧密相连，而其吸引力却更为广泛，因为在许多古老和现代文明中都有如下根深蒂固的观点：让人们对自己的生活感到"幸福"和"满意"是人类存在的一个普世目标。

●第二种方法植根于能力的理念。它认为，一个人的生活是由各种"行为和状态"（功能性活动）及其在这些功能性活动中进行选择的自由（能力）结合而成的。这其中有些能力或许相当基本，譬如获得充足的营养，避免早夭；还有一些则可能更为复杂，譬如拥有积极参与政治生活所需要的读写能力。能力法与社会公平的哲学理念有很深的渊源，从它的基础原则来看，它以人为本，重视个体追求和实现其珍视的目标的能力；拒绝接受那种假定个体会无视人际关系和情感、一心追逐自身利益最大化的经济模型；强调多种能力之间的互补；并承认人的多样性。多样性的存在让人们注意到在设计"好的"社会时道德准则发挥的作用。

●第三种方法是在经济学传统之内发展形成的，它以公平分配的理念为基础。它的基本观点在福利经济学中很常见，就是将生活质量（除了在市场上买卖的商品和服务之外）的各种非货币维度以一种尊重人们偏好的方式加权。这种方法要求为各个不同的非货币维度选择一个特定参照点，搜集相对这些参照点而言人们的当前处境及其偏好的信息。这种方法避免了以"平均"愿付价格为基础进行评估的缺陷（因为"平均"愿付价格可能过多地反映了社会中较富有者的偏好），相反，侧重的是全体社会成员当中的公平。

以上这些方法显然各不相同，但也有某些相似之处。例如，有人认为主观幸福涵盖了一切能力，因为能力指的是人们重视的属性和自由（暗含的意思是，提高他们的能力将改善其主观幸福程度）。但是，能力法的支持者也强调说，主观幸福程度并非唯一重要的东西，增加人们的机会本身也具有重要意义，即便它不会导致人们主观上感觉更幸福。同样地，能力法和公平分配法依赖的都是有关每个人客观属性的信息，差异则在于这些属性加权和聚合的方法不同。尽管在这些方法中进行选择归根结底是一个规范性决策，它们都表明了除资源控制权之外的若干特征的重要性。衡量这些特征要求我们使用市场交易未能捕捉到的数据类型（也就是对调查问卷的回答和对个人状态的非市场观察结果）。

### 生活质量的主观衡量标准

很长时间以来，经济学家以为只需观察人们的选择就足以获得有关其幸福程度的信息，以为这些选择会符合一组标准假定。然而近年来，有大量的研究侧重于人们在实际生活中看重的事物和行为方式，它们凸显出经济学理论的标准假定与实际生活现象之间的巨大差异。这些研究中有很大一部分是由心理学家和经济学家根据人们自述或体验的幸福程度的主观数据来进行的。

主观衡量标准历来都是经济学家和统计学家的

传统工具的一部分，因为我们经济和社会的许多特征是通过人们对一组标准问题的回答来衡量的（例如，"失业"通常是根据人们对如下问题的回答来衡量：在特定的参照周内他们究竟有没有工作，他们有没有积极地寻找工作，不久的将来他们是否可以开始工作）。此处讨论的生活质量主观衡量标准的具体特点是，人们对自身情况的描述没有明显的客观对应物：举例来说，我们可以比较"感觉到的"和"实际的"通货膨胀率，但只有接受调查者才能提供有关其主观状态和价值观的信息。尽管如此，大量研究主观衡量标准的文献都认为，主观衡量标准有助于预测人们的行为（例如，对工作表露不满情绪更多的雇员更有可能辞职），跟其他一系列信息也是吻合的（例如，自我评价"幸福"的人往往笑得更多，会被周围的人评价为"幸福"；这些自我评价也跟大脑的脑电波图像有相关性）。

主观衡量法将生活质量的不同维度与影响这些维度的客观因素区分开来。而生活质量的主观维度包含几个方面。第一个方面是人们对自己的整体生活或生活的不同领域（例如家庭、工作和财务状况）的评价。这些评价暗含了每个人的认知活动，代表着盘点和总结人们看重的所有因素（比如他们的生活意义

感、目标的实现以及别人对他们的看法）的努力。第
二个方面是人们的实际感受，例如痛苦、忧虑和愤
怒，或者喜悦、自豪和尊重。这些情感如果在实时得
到报告，就更不容易受记忆以及社会压力（社会公认
的"好"的标准）导致的偏见影响。对主观幸福的研
究将人类形形色色的感受区分为正面和负面的自觉感
情两类，每个人在生活中都会体验到这两类情感。

主观幸福的所有这些方面（认知评价、正面感受
和负面感受）都应该单独衡量，以便对人们的生活有
个令人满意的认识。至于这其中哪个方面更重要，为
什么，仍是没有定论的问题。有许多证据表明，人们
的行动是为了通过选择获得满足，这些选择是以记忆
和评价为基础的。但是，记忆和评价也可能导致糟糕
的选择，有些选择是无意识做出的，并未衡量各种替
代选择的利与弊。

人们对生活评价和感受的主观描述提供了可长
期监测的生活质量衡量结果；其中有些衡量结果还能
以可信的方式进行跨国比较。然而，或许更为重要的
一点是，这些衡量结果提供了每个人的生活质量决定
因素的信息。这些决定因素既包括人们生活环境的特
征，也包括他们个体的情况，会随着具体考虑的方面
不同而有变化。举例来说，就情感而言，活动（比如

通勤、上班和社交）可能更为重要，而就生活评价而言，处境（比如是否结婚或拥有一份令人满意的工作）可能更为重要。不过，无论在哪种情况下，这些衡量标准都能提供收入所无法传递的信息。例如，在大多数发达国家幼儿和老人对生活的评价都比正当壮年的人要高，这种情况与相应年龄段者的收入水平形成鲜明对比。

衡量人们幸福程度的各种主观标准有一个共同之处：它们都表明，失业给人们的生活质量造成巨大损害。即使是考虑到失业者收入降低这个因素之后，失业者对生活的评价仍然偏低，而且随着时间的推移也不会有多少起色；另外，失业者报告的各种负面感受（悲哀、压力和痛苦）发生率更高，正面感受（欢乐）发生率较低。从这些主观衡量标准来看，失业的成本超出失业者在收入方面的损失，体现了它对失业者的非金钱影响以及它给社会上其他人带来的恐惧和焦虑。

通过各位研究人员及商业数据提供机构的努力，主观幸福的衡量已取得重大进展，但数据所允许的统计学推论仍然有限。国家统计系统应该在这些努力的基础上更进一步，在其常规调查中收入有关主观幸福的各个方面的问题。它们还应该发展纵向的跟踪性研究，帮助人们就各种相关因素的相对重要性得出更恰当的推论。

## 影响生活质量的客观特征

能力法和公平分配法都十分重视人们的客观条件和拥有的机会，但在应如何对这些特征估值和排序方面有不同意见。这些客观特征对主观幸福来说或许也有工具性价值，但上述两种概念性方法都认为，增加人们在这些领域的机会对人们的生活而言还有内在的重要价值。

在评估生活质量时需考虑哪些客观特征，这个问题的答案将取决于评估的目的：是为了评估一国管辖范围之内生活条件的改变，还是为了比较处在不同发展水平的国家的生活条件？有些特征（例如健康）的意义可能在于描述了人们的状态，还有一些（例如政治发言权）可能反映了人们享有的追求自己看重的目标的自由。哪些东西应该被列入客观特征的名单，这个问题不可避免地取决于价值判断，但在实际操作中，不同国家和地区所考虑的大部分内容都是相同的，各种致力于衡量"幸福"及相关概念的研究所选择的特征也有很大程度的一贯性。 总的说来，对所有这些客观特征的衡量凸显出一点，那就是社会的组织方式对人们的生活有影响，传统的衡量经济资源的方法不能充分体现这种影响。

## 健康

健康是一个既影响寿命长短又影响生活质量的基本因素。对健康进行评估需要可靠的死亡率和发病率衡量结果，但这两个领域的数据仍然存在重大空白。不同年龄和性别的死亡率统计数字记录了人们面临的死亡风险，被用来计算一个人的预期寿命。目前这些指标在所有发达国家都能够获得，但在相当多的发展中国家数据仍然有限（尤其是有关成人的数据），这就限制了监测联合国千年发展目标的实现进度的可能性。而且，各具体年龄段的死亡率统计数字乃是向量：要想获得人们寿命的标量衡量值，必须以恰当的方式将这些向量聚合，并针对不同国家和不同时间段的年龄结构差异将之标准化。由于存在不同的聚合公式和标准化方法，在比较（年龄别）生存曲线相交的国家时会出现不同的结果和排名。这意味着应该汇编和定期监测死亡率的各种衡量结果。不过，一个具有重大意义的事实

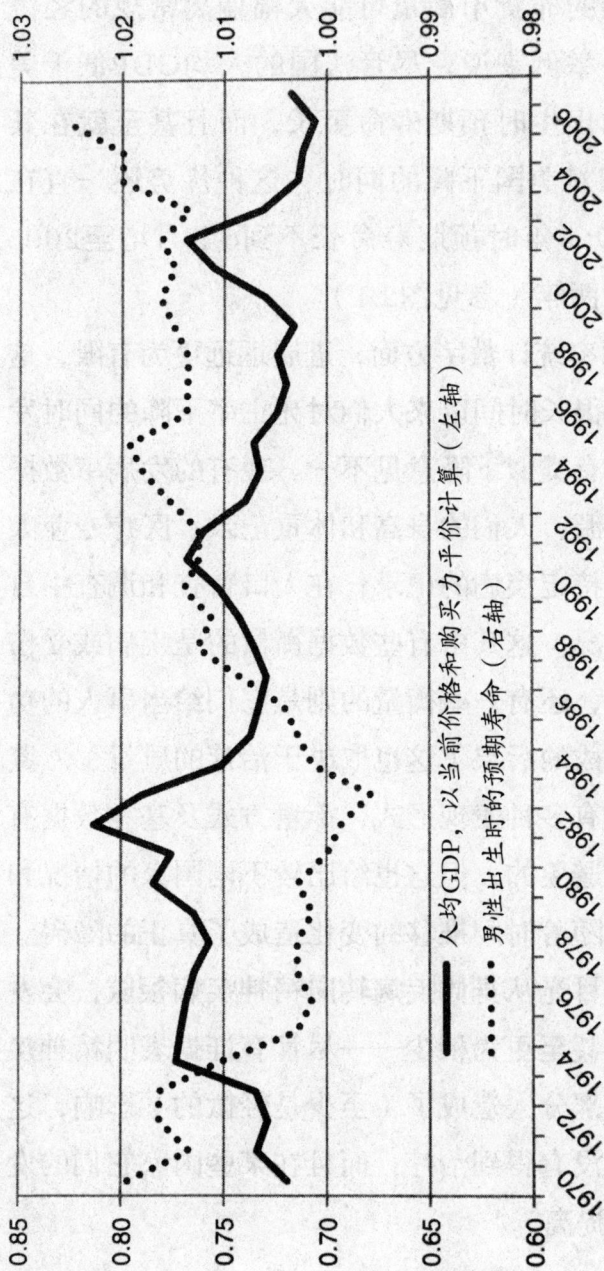

图2.1 美法两国人均GDP和出生时预期寿命的差异

注：本图显示的是法国的衡量值与美国衡量值的比值（比值大于1表示法国的情况好于美国）。例如，2006年法国人均GDP是美国人均GDP的0.82（译者注：从图上看似应为0.72），而法国男性的预期寿命是美国男性的1.025倍。

数据来源：OECD数据。

是，对健康的非货币衡量可能大幅偏离常规的经济衡量结果。举例来说，尽管法国的人均GDP低于美国，但它的出生时预期寿命更长，而且甚至就在其人均GDP相对美国下降的同时，这种优势还一直在扩大，从1960年时预期寿命长不到6个月增至2006年时的将近两年（参见图2.1）。

在发病率统计数字方面，进展远远更为有限，这种情况导致很长时间以来人们对死亡率下降的同时发病率是否也有类似下降意见不一。现有的发病率数据依据多种来源：人们的身高和体重记录；医疗专业人士的诊断；特定疾病的记录；在人口普查和调查中自述的患病情况。这其中有些数据衡量的是疾病或受伤的普遍程度，还有一些衡量的则是它们给当事人的功能性活动造成的后果（这也取决于治疗的质量）。鉴于健康不佳有多种表现形式，衡量方式及基本数据有差异是不可避免的，但这也给比较不同国家的情况和监测发病率随着时间推移的变化造成了真正的障碍。如果我们把目光从身体疾病转向精神疾病领域，会发现衡量数据甚至更为稀少——尽管有证据表明精神疾病对很大一部分人造成了（至少是轻微的）影响，这些疾病大多没有得到治疗，而且在某些国家它们的发病率一直在提高。

　　人类的健康包含多个不同的维度，因此，出现了几种定义将死亡率和发病率相结合的概括性衡量标准的尝试。可是，尽管已有数种衡量人们健康的综合指数，目前没有一种得到了普遍认同。而且，它们全都不可避免地取决于引人争议的伦理判断和各种病症被赋予的权重（其合理性并不总是很明确）。

　　健康衡量标准的这种多样性不仅给跨国比较构成了挑战，也给同一国家内的比较构成了挑战。最近的有关健康状况不平等的研究凸显了几种模式。首先，由于所受教育较少和收入较低，来自较低职业阶层的人往往死亡年龄更早，而且在他们更短暂的一生中各种健康问题的发生率更高。其次，健康状况的这些差异不仅仅意味着处在社会经济等级最低层的人健康较差，而且在整个社会经济等级体系中都有体现，也就是说，它们展现出一种"社会梯度"：举例来说，在英国，从未受过技术训练的体力劳动者到技能熟练的体力劳动者，从体力劳动者到非体力劳动者，从低级别的办公室职员至较高级别的职员，人们的预期寿命逐步增加。尽管这些健康不平等的模式显然与生活质量的评估有相关性，但现有的衡量结果不允许人们对其量值进行跨国比较，因为使用的健康情况衡量标准不同，考虑的个体特征（教育、收入和种族）不同，各国研究中的参照人群和地域覆盖范围也不同。

## 教育

经济研究中有一项由来已久的传统，那就是强调教育在提供支撑经济生产的技能方面的重要作用。但是，教育本身也对生活质量具有重要意义，这与它对人们的收入和生产率的影响无关。教育跟人们的生活评价高度相关，即使在考虑到教育带来更高收入的因素之后也是如此。而且，受过更好教育的人通常健康状况也更好，失业率更低，有更多社会关系，参与公民生活和政治生活的程度也更高。尽管现有的证据并不总是允许我们得出有关教育与生活质量其他维度之间的因果关系指向性的结论（比如说，健康欠佳的孩子可能缺课更频繁），但的确存在一种共识：教育会带来一系列（货币性和非货币性）收益，受益的不仅是投资于教育的人，还有他们所居住的社区。衡量教育所带来的这些更广泛的益处是一个重要的优先研究项目，要想在这个方面取得进展，就必须对人们在一系列领域的特性进行更准确的衡量，并且展开对相同个体的长期跟踪调查。

现有的教育指标涵盖广泛的一系列领域。有些关乎投入（例如学校入学人数，教育支出和学校资源），还有些关乎生产能力和产出（例如毕业率，在校就读的年数，对人们获得的识字和计算能力的标准化考试衡量结果）。这些指标中哪一个相关度更高取决于一个国家所处的发展阶段以及评估工作的目标。现有的指标凸显了各国之间的巨大差异，而各种不同的教育指标有时令发展模式的差异变得更加醒目。举例来说，有些国家可能既有优秀学子步入大学殿堂，也有众多年轻人（主要来自处于社会经济阶梯最底层的家庭）普遍存在学习落后的情况。这些差异在教育的概括性衡量标准（例如平均受教育年数）中体现不出来，但却对任何评估生活质量的研究工作具有重要意义。各国内部有关学习成就不平等的衡量对学习成绩最差的少年来说尤其重要，因为后者面临着在成人之后生活贫困或被排除在令人满意的高收入工作之外的风险。由于教育是人们生活的许多维度的重要预测因子，所有社会调查都应该不仅列入影响生活质量的其他特征的信息，而且系统性地列入有关受调查者及其父母的学习经历的信息。

在评估教育对生活质量的影响时，最具相关性的一些指标是对人们能力的衡量值。近年来，研究者开发了几种以标准化的方式衡量能力的工具，但这些工具仍有重大的局限性。首先而且也最为显而易见的是，目前并不是所有国家都在开展这些调查。其次，这其中许多工具的开发并不是着眼于从广义上衡量人们的能力，而是为了评估教育政策，后者通常需要专门考察更为狭隘的一组可衡量的能力。第三，现有的评估工具往往覆盖范围较窄，因为学校教育只是给人带来知识、技能发展和生活质量改善的"投入"之一。尽管有越来越多的证据表明，幼年的经历对人们日后的学习和生活质量具有重要影响，有关孩子幼年时期的经历及其获得的"软"能力的信息仍然有限。在比较接受高等教育的学生的能力和评估工人在成人教育和培训方面的经历时，衡量工具也仍然有限（尽管随着调查成人能力的新项目得到开发和推行，这种情况会有改变）。跟生活质量的其他特征一样，该领域指标的主要问题并不是缺乏有关教育本身的详细信息，而是缺乏在个体层面上衡量教育及其他影响生活质量的社会结果的调查。

## 个人活动

人们分配时间的方式及其个人活动的性质对生活

质量具有重要影响，无论其创造的收入是多少。不管是从享乐体验（图2.2）还是从评估判断来看，人们从事的活动都会影响他们的主观幸福。通常，由于缺乏有效的替代项目，人们并不总是像他们在不同商品当中分配预算那样在各种活动中进行"选择"。而且，这些选择通常会影响家庭和社区中的其他人，有部分个人活动实际上代表了生产的间接成本（例如通勤）而不是消费。

考虑到政治需求以及提供具体的、可比较的衡量数据的可行性，委员会讨论的主要活动包括有偿工作、无偿工作、通勤和休闲时间。住房本身尽管不代表一种活动，但它为若干个人活动提供了场所，因此也被纳入了讨论。

●有偿工作对生活质量来说具有重要意义，部分是因为它给人们提供了身份认同和社交机会。不过，从这个方面来看并非所有工作都具有同等价值。这凸显出针对有偿工作的质量搜集更系统的信息的重要性——若干国际机构一直在这样做，因为它们正在对"体面的工作"开展研究。有些全国性调查提供了有关体面工作的许多方面的信息，例如非标准就业、就业和工资领域的性别差异、工作场所的歧视、终身学

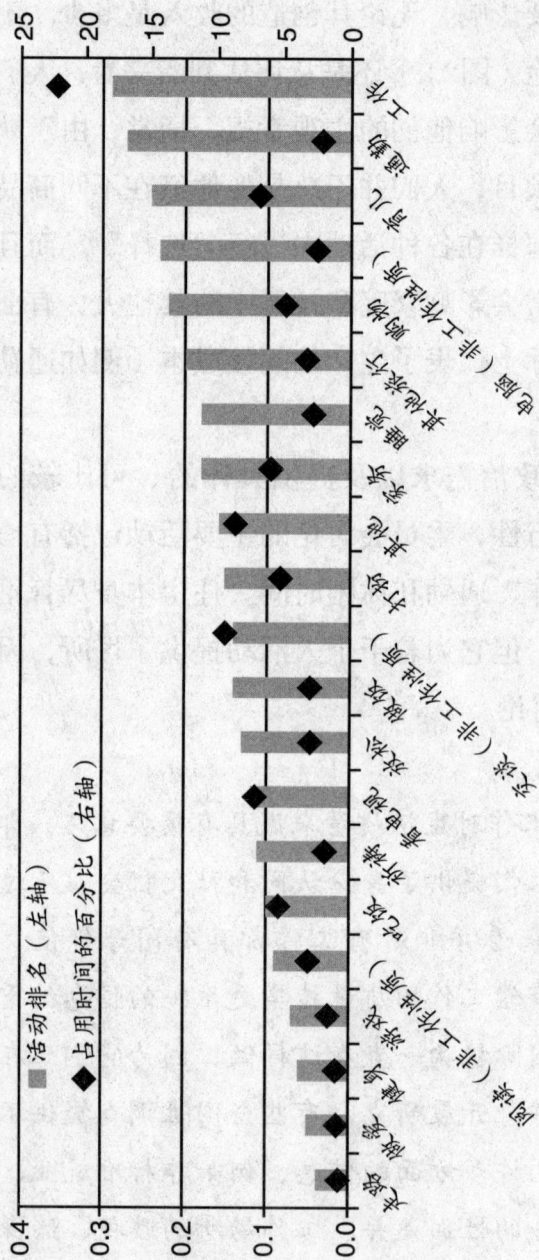

美国

活动排名（左轴）
占用时间的百分比（右轴）

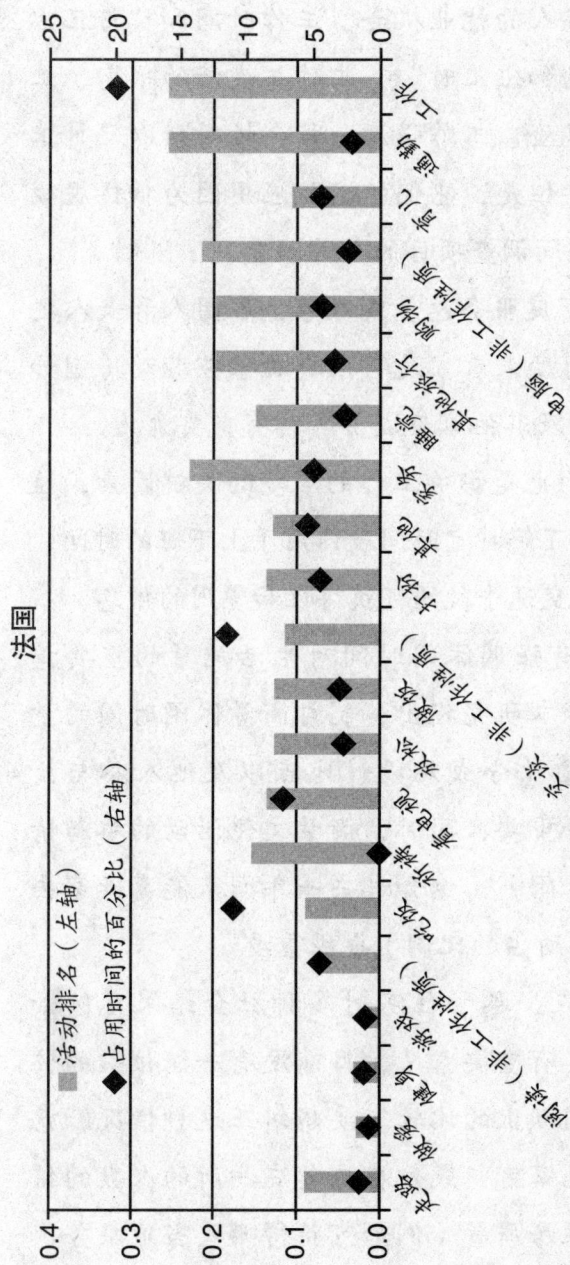

法国

■ 活动排名（左轴）
◆ 占用时间的百分比（右轴）

**图2.2 美国和法国选定城市的个人活动排名（依据女性从事这些活动时的享乐体验以及投入其中的时间）**

在美国那张图中，活动排名是按快乐程度递减的顺序排名。

注：活动排名依据的是"压力"、"悲衰"或"痛苦"的体验压倒"幸福"的15分钟时间段所占的比例。数据来自"普林斯顿情感和时间调查"项目2006年在美国俄亥俄州哥伦布和法国雷恩抽样调查的女性。

数据来源：A.B.克鲁格、D.卡内曼、D.施卡德、N.施瓦茨和A.斯通（2008年），"国民时间核算：生命的货币"，全国经济研究所，即将发表在A.B.克鲁格主编的《衡量国民的主观幸福：有关时间利用和幸福的国民账户》（芝加哥大学出版社，芝加哥）中。

习的机会、残疾人的就业机会、工作时间和"与正常社交活动冲突的加班工时"、工作与生活的平衡、工伤事故和身体风险、工作强度、社会性对话以及员工的自主权等等。但是，它们的实际应用因为抽样规模小和不同国家之间调查项目的差异而受到了限制。

●从评估家庭服务总量以及家务在男人和女人之间如何分配的角度来看，没有报酬的家务劳动（例如购物、照顾孩子及其他家庭成员）具有重要意义。

●通勤时间也是影响工作的质量的关键因素，监测这个数据需要了解特定时间段内用于上下班的时间，也需要了解有关交通手段的可获得性和费用的信息。

●研究界有强调休闲时间对生活质量的重要意义的悠久传统。本研究指出，制订衡量休闲时间的量（小时数）与质（分成几段、地点以及他人参与情况）的指标十分重要，同时，衡量文化活动的参与情况和"糟糕的休闲"（例如过去一年间未能离开家去外地度假的孩子所占的比例）也很重要。

●最后一点，尽管住房对多种社会结果（例如孩子的教育）具有重要意义，目前没有一组核心的住房指标可用于国际上的比较。要想纠正这种情况，就必须完善有关无家可归或住在应急庇护所的人数的信息，完善有关住房质量（例如可获得哪些当地服务、是否过度拥挤等）的信息。

在有些情况下，上述种种领域已经存在合适的指标，研究者的挑战在于如何在以往成就的基础之上更上一层楼。但在另一些时候，现有的衡量方式仍然存在严重的缺陷，要想取得进展就必须投资于新的统计能力。实例之一（它涉及前面描述的所有个人活动）就是衡量人们如何分配时间。时间是比较个人活动的天然尺度，而且（正如第一章中所说）是构建附属家庭账户时一项至关重要的投入。当务之急应该是开发这样的衡量手段：它们植根于明确的定义，依据的是设计前后一贯、能体现一整年内的模式并且开展得足够频繁的调查——但是，所有这些条件都很难得到满足。在理想的情况下，这些调查不仅应该涵盖用于各种活动的时间有多少，还应该涵盖活动引发的情感。这一点很重要，因为根据人们各自的处境不同（例如他们是否失业），同样的活动可能引发不同的享乐体验；这些信息在评估社会中不同群体之间的不平等（例如性别差异）时也很重要。尽管这些对统计能力的投资成本高昂，决策者也有其他优先事务需要考虑，但这些投资给生活质量研究带来的成效可能是巨大的。

### 政治发言权和治理

政治发言权是生活质量不可分割的一个维度。就其本身而言，作为享有全部权利的公民参与事务、在政策的制订中拥有发言权、不带恐惧地提出异议并大声抗议自己认为不对的事情，这样的能力是必不可少的自由。而作为一种工具，政治发言权能够为公共政策提供校正：它能确保对官员和公共机构的问责，能披露人们需要什么、重视什么，并唤起人们对重大缺失的关注。政治发言权也会减少爆发冲突的可能性，增大在关键问题上形成共识的可能，让经济效率、社会平等和公共生活的包容性都有所改善。

政治发言的机会和政治体制回应民意的灵敏度取决于每个国家的体制特性，例如是否存在正常运转的民主、全民投票权、自由的媒体和公民社会组织。它也取决于治理的某些关键方面，例如法律保障和法治。法律保障既包括宪法规定的权利也包括普通法规定的权利，它们能提高所有居民的生活质量，反映出不同国家和时代普遍存在的社会共识。法律体系也会影响一个国家的投资环境，从而对市场运转、经济增长、创造就业和物质福利造成影响。不过，要想实现其潜能，法律保障还需要有效的执行和实体正义，这取决于不同的机构（例如警察、司法部门和各个行政部门）如何运作，它们是否不受腐败、政治干涉和社会偏见的影响，以及能否就它们做出的决策向它们问责。

依据现有的政治发言权和治理指标所做的比较凸显出不同国家之间的巨大差异，尤其是老牌民主国家与近些年才从专制改为民主政体、尚未确立完整的一系列自由和权利的国家之间的差异。不过，即便是在发达国家，对公共机构的低信任度和日益下降的政治参与度也表明，公民和政治精英对民主机制运转情况的看法有越来越大的差异。在不同群体如何行使政治发言权、他们在这些国家享有的基本权利和参与公民生活的机会方面，也存在系统性的差异，尤其是在公民和人数日增的移民之间。

衡量政治发言权和治理的指标应该有助于人们评估多党民主和全民投票制的运转、地方层面上政府决策的参与程度以及是否存在自由媒体和各种自由权利（例如组建和加入公民组织、工会和专业性团体的自由，参与公民和社会活动的自由，等等）。相关的指标应该涵盖写入宪法、法律（例如，倡导民事和刑事正义、平等、包容性、问责制和平权行动的法律）和国际人权公约的权利和基本自由，同时也涵盖司法体系的运转情况（例如，它是否不受腐败和政治影响力左右，它伸张正义的速度，公民和居民寻求它的帮助是否方便）。这其中许多指标通常是由国家统计体系之外的机构汇编的，主要以专家的意见为依据。必须对公民自身的看法——政治、司法和执行机构运转是否良好、他们在利用这些机构时面临哪些困难以及他们对这些机构的信任程度——展开调查，利用调查结果来补充并在某些情况下取代上述指标。另外，也需要通过这样的调查来展现不同社会经济群体在利用这些机构方面的不平等性。

## 社会关系

社会关系能以多种方式提高生活质量。社会关系较多的人对生活评价更高，因为许多最为愉快的个人活动都涉及社交。社会关系的好处可以延伸到人们的健康和就业几率，同时也会影响人们居住的社区的几个特征（例如犯罪率，当地学校的学业成绩等）。这些社会关系有时被称为"社会资本"，以凸显它们带来的（直接和间接）好处。跟其他类型的资本一样，社会资本的外在化表现有时可能是负面的：举例来说，身为某群体的一员有可能强化一种独特的个人身份感，助长暴力风气和与其他群体的冲突。不过，这并不能使我们低估社会关系的意义，反而突出表明了加强对这些社会关系的性质及其影响广度的分析十分重要。现有的证据表明，社会关系对关系网内的人有益，对关系网外的人的影响则取决于该群体的性质以及具体讨论的是哪些影响。

人们对驱动社会关系发生改变的因素并不总是很了解。社会关系为人提供服务（例如保险、安全），而市场和政府计划的发展或许减少了个体与其社群之间的联系，因为它们提供了作为替代的安排。有一点很明确，那就是这些联系的减少可能对人们的生活产生负面影响——即便它们的功能被市场和政府提供的替代物（这些替代物提高了经济活动的水平，比如用带薪保安取代邻居的非正式监视）承担了下来。因此，在评估人们的幸福程度时为了避免偏见，需要对这些社会关系进行衡量。

对社会关系的研究传统上依赖一些替代指标，例如个体参与社团的数量，或据信因种种社会关系所致的活动（比如利他主义行为和选民投票）的频繁程度。但是，研究界现在已经公认，这些并不是衡量社会关系的好办法，可靠的衡量需要对人们的行为和活动展开调查。近年来，一些国家（比如英国、澳大利亚、加拿大、爱尔兰、荷兰以及最近的美国）的统计局启动了衡量各种形式的社会关系的调查。举例来说，美国的劳动力调查中有一些专门的模块询问受调查者参与公民生活和政治生活的情况、他们加入各种组织并在其中自愿承担工作的情况、他们与邻居和家庭成员的关系以及他们获得信息和新闻的渠道。类似的调查也应该在其他地方开展，并采用允许研究者进行令人信服的跨国和跨时间段比较的问题和规程。另外，还应该借鉴某些国家在相关领域积累的经验，在衡量社会关系额外的一些维度（比如对他人的信赖、社会孤立程度、在需要时非正式支持的可获得性、对工作和宗教活动的投入程度以及跨越种族、宗教和社会阶层界限的友谊等）方面取得进展。

### 环境条件

环境条件意义重大，这不仅仅是因为可持续性，也因为它们对人们的生活质量有直接影响。首先，它们会直接（通过空气和水的污染、有害物质以及噪音）和间接（通过气候变化、碳循环和水循环中的转

换、生物多样性的减少以及影响生态系统健康的自然
灾害）影响人们的健康。其次，人们从环境服务中受
益，例如获得清洁的水和享受休闲娱乐区，他们在这
个方面的权利（包括获得环境信息的权利）已日益得
到认可。第三，人们很重视环境是否宜人，这些评价
影响到他们的实际选择（比如在哪里居住）。最后一
点，环境条件可能导致气候改变和自然灾害，例如干
旱和洪灾，受灾者的财产和生命都可能蒙受损失。

但是，衡量环境条件对人们生活的影响是件复杂
的事。这些影响显露出来所需要的时间并不相同，其
冲击也会因人们自身的特性（比如说他们的居住和工
作地点，他们的代谢摄入量，等等）而异。而且，此
类相关性的强度往往会被低估，因为当前的科学理解
力存在局限性，而各种环境因素被纳入系统性调查的
程度也有限。

最近20年来，研究人员在以下方面取得了很
大进展：衡量环境条件（通过完善环境数据并定期
监测指标和核算工具），了解环境条件造成的影响
（例如评估相关的发病率和死亡率、劳动生产率、
气候变化牵涉的经济利害关系、生物多样性的改变
和灾难造成的破坏），确立人们获取环境信息的权
利。可以使用一系列环境指标来衡量人类给环境造

成的压力，衡量政府、公司和家庭应对环境恶化的举措以及环境质量的实际情况。

但是，从生活质量的角度来看，现有的指标在某些重要方面仍有局限性。例如，排放指标主要指的是各种污染物的总量，而不是暴露在危险"剂量"的污染物之下的人所占的比例。因此，现有的指标应该在若干方面得到补充，包括定期监控有多少人因空气污染而早夭，多少人无法获得自来水供应、无法享受自然，或有多少人暴露在危险的噪音和污染水平之下；定期监控环境灾难造成的破坏。此外，也需要调查和评估人们的自身感受和对居住社区的环境条件的评价。由于环境条件对生活质量的许多影响是因人而异的，这些指标应该细化到按各种分类标准而划分的不同群体。

## 人身不安全

人身不安全包括让每个人的身体完整面临风险的外部因素：犯罪、事故、自然灾害和气候变化是其中最显而易见的一些因素。在极端情况下，这些因素可能导致受害者丧生。尽管这些因素仅占所有死亡事件的一小部分，而且也在通常的死亡率统计中得到了体现，我们还是应该专门衡量它们的发生频率，原因之一是它们对人们感情生活的影响与疾病所致的死亡截然不同。这一点从突然失去亲人给人们的主观幸福造成的巨大冲击中可以看出。

人身不安全不那么极端的表现（例如犯罪）影响到远远更多人的生活质量，而表示害怕受到身体侵犯的人甚至还更多。对犯罪的主观恐惧最引人注目的特征之一是，恐惧跟是否曾亲身受害没有多大关系：自称担心受犯罪者侵害的人所占比例较高的国家，其犯罪率未必更高；而在一个国家之内，跟年轻人和穷人相比，老人和有钱人的不安全感更强，尽管他们成为犯罪行为受害者的可能性较小。

这些模式凸显了获得定期和可靠的人身不安全衡量数据以引导公众讨论的重要性。受害调查是评估犯罪发生频率和它造成的恐惧的必不可少的工具。还需要调动其他工具来评估个人安全面临的其他威胁，例如家庭暴力以及饱受冲突和战乱之苦的国家的暴力事件。

## 经济不安全

对未来可能面临的物质条件感到不确定折射出各种风险的存在，尤其是失业、疾病和衰老的风险。这些风险如变成现实，会对生活质量有负面影响，具体则取决于冲击的严重程度、持续时间、它带来的耻辱、每个人对风险的厌恶程度以及财务上的隐含后果。

如果失业一再出现或一直持续，失业救济相对原来的收入而言较低，或者劳动者为了得到一份新工作不得不接受薪水、工时或二者同时大幅削减，失业就可能导致经济不安全。工作不安全既有当下的后果（因为替代收入往往比前一份工作的收入低），也有较长远的后果（因为即使失业者真的找到另一份工作，其工资也可能下降）。尽管能够得到有关这些后果的指标，跨国比较并非易事，需要在这个方面做特殊投资。衡量工作不安全的另一个方法是让员工评估目前这份工作的安全程度，或评估他们所预期的在不久的将来失去这份工作的可能性。失业的恐惧可能给工人的生活质量带来负面影响（例如身体和精神疾病，家庭生活中的矛盾等），也可能给公司（例如员工工作动力和生产率遭受不利影响，对企业目标的认同度降低）以及整个社会造成负面影响。

疾病可能直接或间接导致经济不安全。对没有（或只有部分）医疗保险的人来说，医疗费用可能是毁灭性的，会迫使他们负债、出售住宅和资产或者放弃治疗，其后果则是健康状况将来进一步恶化。衡量跟疾病相关的经济不安全的一个指标是没有医疗保险的人所占的比例。但是，医疗保险涵盖的不测事件可能各不相同，就连有医疗保险的人在患病后也可能需要承担高昂的实付费用。除了这些需自掏腰包的医疗费用之外，还应该计算收入的损失：如果患者不得不停止工作而医疗（或其他）保险并不提供替代收入的话，他就会蒙受收入的损失。

老龄本身不是一个风险，但由于退出劳动力市场后需求和资源的不确定性，老龄仍然能够隐含经济不安全。有两类风险尤其重要。第一类是未来领取的养老金不足，或者疾病和丧失能力令需求增多，导致退休期间资源不够用的风险。第二类是养老金支付体系出现动荡的风险：所有养老金体系都面临着某些类型的风险，而私营部门在支付养老金方面作用的增强（以职业养老金和个人储蓄的形式）虽然使许多国家得以扩大养老金系统的覆盖范围，其代价却是把风险从政府和企业那里转移给了个人，从而增加了他们的不安全。

影响经济不安全的因素有许多种，衡量经济不安全的方法也因此各有不同。有些方法试图量化特定风险发生的频率，还有些方法则研究某种风险成为现实后的后果以及人们手头拥有的保护自己不受这些风险侵害的手段（尤其是社会保障计划所提供的资源）。在理想的情况下，对经济不安全的全面衡量将是既考虑各种风险的发生频率，也考虑它的后果，研究者已朝着这个方向做了一些尝试。更进一步的问题是，如何将影响经济不安全的各种风险聚合，因为描述这些风险的指标缺乏一个共同的尺度来评估其严重程度。最后，还有一个甚至更加棘手的问题，那就是分析各种用以限制经济不安全的政策（通过它们对失业率和劳动力大军参与程度的影响）给生活质量带来的长期后果。

### 跨领域的问题

上文介绍的衡量工作中的挑战大都专属于生活质量的不同维度，委员会仅仅提示了一些需要做的工作，把制订具体的行动计划留给各领域拥有专业技能的机构去做。但是，还有一些挑战是横跨不同领域的，各领域单独开展的行动计划不太可能涵盖它们。这其中有三个问题值得特别关注。

### 生活质量的不平等

生活质量指标的第一个跨领域挑战是详细描述在生活的各个维度中个体状况的不平等，而不只是描述每个国家的平均状况。法国总统在成立本委员会时曾指出，主导政策讨论的总的统计数据与人们对自身生活状况的感受之间存在"日益增大的差距"，对上述这些不平等的忽略可以在某种程度上解释为何会出现这种差距。

尽管经济资源分配的不平等可以利用既已确立的方法学和数据来源进行相当可靠的衡量，但在涉及生活质量的非货币维度时，情况远远没那么令人满意——尤其是考虑到这些不平等并非总能通过这些特征围绕其平均值分布的规模描述出来。举例来说，人们寿命的差异或许反映了人口中随机分布的基因差异：在这种情况下，缩小寿命的总体分布范围不会以任何具有道义信服力的方式降低社会的"不平等"程度。

然而，问题不仅仅是制订合适的衡量标准而已。不平等有许多种，每种都自有其重要性：这意味着我们必须避免某种不平等（例如收入）总是涵盖了其他所有不平等的看法。与此同时，某些不平等有可能相互强化。举例来说，性别不平等尽管在大多数国家和群体中都普遍存在，但在社会经济地位较低的家庭通常会严重得多：在许多发展中国家，性别和社会经济地位这两种因素结合在一起，往往导致贫困家庭中的年轻女性无法上学或获得满意的工作，剥夺了她们表达自我和拥有政治发言权的可能性，并使她们面临健康风险。多年来，对其中某些不平等（例如跟阶层和社会经济地位相关的不平等）的衡量促生了广泛的一系列旨在缓解不平等程度及其后果的政策和制度。还有些类型的不平等，例如不同种族群体之间的不平等，则是较新的现象（至少在那些经历了移民大潮的国家是如此），随着移民现象的持续未来必将成为更加显著的政治问题。

至关重要的一点是，必须全面地评估这些不平等，研究不同的人、群体和世代之间生活质量的差异。而且，由于可以按照不同的标准给人们分类、每种标准都跟人们的生活有某种相关性，应该为各色各样的群体衡量和记录不平等。应该开发适当的调查来评估各类不平等之间的互补性并确定它们的深层原因。定期为此类分析提供适当的数据应是统计部门的职责。

## 评估生活质量的不同维度之间的联系

第二个跨领域的挑战在前面已经提到过，那就是如何更好地评估生活质量的不同维度之间的关系。某些最为重要的政策问题牵涉到一个领域（例如教育）的发展会对其他领域（例如健康状况、政治发言权和社会关系）的发展有何影响，而各个领域的发展又跟收入的变化有何关系。这其中有些关系（尤其是个人层面上的）未能得到准确的评估也未被充分理解，忽视多重劣势的累积效应最终导致了次优政策。例如，贫病交加所致的生活质量的损失远远大于这两者分别造成的影响的和，这意味着政府在采取干预措施时或许需要更具体地针对累积了这些劣势的人。

评估生活质量不同维度之间的种种联系并不容易，因为统计体系仍然高度局限于学科的划分，每个领域的衡量手段都对其他领域的发展不太关注。但是，可以通过了解生活质量最突出的特征（例如享乐体验、健康状况、教育和政治发言权）在所有人中间"联合分布"的信息来取得进展。尽管这种信息的全面完善只可能在遥远的未来实现，但可以朝着这个方向采取具体措施：在所有调查中收入一些标准问题，以便依据有限的一组特征将受调查者分类，并描述出他们在广泛的一系列领域的状况。此外，还应该投入资金开发既能考虑到人们的个性差异，又能更好地分析影响生活的不同因素之间因果关系指向性的纵向调查。

## 聚合生活质量的不同维度

生活质量研究的第三个跨领域挑战是如何以一种简约的方式将各式各样的衡量结果聚合。这其中既有生活质量的每个特征所特有的聚合问题（例如健康领域的将死亡率和发病率结合的衡量标准），同时也有更具普遍性的聚合问题，需要对每个人以及整个社会在生活各个领域的成就进行评价和聚合。人们经常认为，寻找一个生活质量的标量衡量标准是生活质量研究面临的最最重要的挑战。尽管这种强调在某种程度上是不恰当的——任何聚合指数的信息内容总是会反映出构建该指数时所使用的衡量值的质量——但这个领域的需求十分强劲，统计局应该为满足上述需求发挥作用。

传统上，应对生活质量研究中这种对简约的需求的最常见做法是，将衡量全国范围内各个领域的平均表现的若干（经过适当选择和比例缩放的）指标聚合。这种方法最广为人知的范例就是人类发展指数。该衡量标准发挥了（而且继续发挥着）一种重要的交流作用，由此产生了跟人均GDP排名迥然不同的国家排名，尤其是对某些欠发达国家来说。但是，在建构这种（以及其他类似的）指数时，权重的选择体现了可能具有引人争议的含义的价值判断：例如，把人均GDP的对数跟预期寿命的水平相加（在计算人类发展指数时就是这么做的）等于是含蓄地认为，美国人预期寿命增加一年的价值相当于印度人预期寿命增加一年的20倍。更为根本的问题是，这些衡量值是以国家平均值为基础的，它们忽视了不同人群当中生活质量的各个特性之间重大的相关性，丝毫没有反映每个国家内部个体生活状态的分布情况。举例来说，尽管同一个人在生活各个领域内累积的优势或劣势在随时间推移而改变，但如果每个领域内的平均表现保持不变，这个标量指数就不会改变。

根据哲学视角和所针对问题的不同，可以有几种衡量生活质量的聚合性标准。其中有些衡量标准已经得到了零星使用（例如一个国家全体国民的平均生活满意度，或者像主要侧重发展中国家的人类发展指数这样的复合指数），而且可以进一步扩展，以调查问卷为基础对人们的心理健康、感情和评价进行衡量，并把生活质量中额外的一些维度纳入考虑。另外一些衡量标准的使用则需要国家统计体系进行必要的投资以提供计算所需的数据。举例来说，U指数，也就是报告的最强烈情绪为负面情绪的时间所占的比例（参见图2.2），要求通过对时间使用的调查搜集在特定时间段中情感体验的信息。同样地，先计算对每个人而言各种客观特征的发生频率和严重性，继而再构建国家平均值的研究方法（它跟能力法有关）要求研究者获得有关各种客观特征的联合分布的信息。最后一点，"等值收入"的概念（它跟公平分配法有关）要求了解人们在生活质量各个维度上的状态以及他们个人对这些状态的偏好（作为每个维度上的给定参照值）。

总的说来，不同的研究方法将导致每个国家有截然不同的生活质量标量衡量结果，也导致被归类为"境况更糟者"的人们特征各不相同。例如，在一批接受抽样调查的俄罗斯人中，位于等值收入分配最底层的1/5的人跟以消费支出或对生活的主观评价为判断依据的"境况更糟者"相比，其健康状况更差，失业率也更高（图2.3）。这意味着与其致力于构建仅有的一个概括性生活质量衡量标准，统计系统应该提供按照每个使用者的哲学思想观计算各种聚合性衡量指标所需要的数据。

## 要点和建议

生活质量涵盖了让生命值得延续的所有因素，包括那些不在市场上交易、无法通过货币性衡量标准

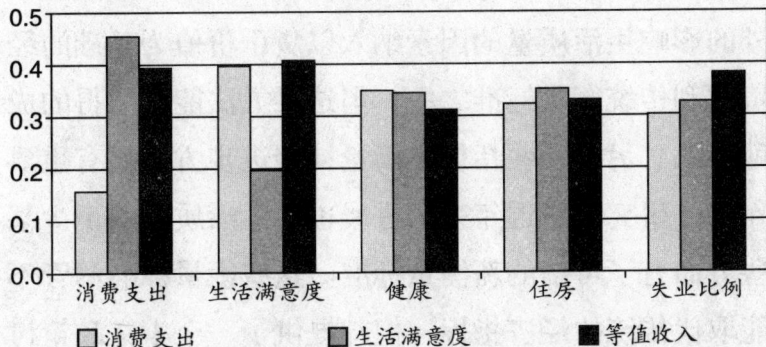

**图2.3 按照不同的生活质量标准来衡量的最困苦者的特性，2000年，俄罗斯**

注：数据显示了根据三种不同的生活质量衡量标准被视为"境况更糟者"（也就是说分布在最底层的1/5）的人：1）家庭消费支出（根据家庭人数进行了调整）；2）生活满意度（依据如下问题："目前你对自己的整体生活有多满意？"按5分制进行评价）；3）等值收入（依据4种"功能性活动"来衡量，亦即自述健康状况、就业状况、住房质量和被拖欠的工资）。针对这三种生活质量衡量标准中的每一种，本图描绘出了按某种标准衡量的"境况更糟者"相对按其他各标准衡量的"境况更糟者"而言，影响生活质量的各种因素的平均水平。

数据来源：M.弗勒尔巴伊、E.斯霍卡特和K.德康克（2009年），"幸福是什么商品？" CORE Discussion Paper, 2009/17，卢万天主教大学，比利时。计算依据的是《俄罗斯纵向监控调查》中的数据。

反映出来的因素。尽管经济核算的某些流派把一些额外的影响生活质量的因素纳入以货币价值为基础的经济福利传统衡量标准之中，但这种方法能够取得的成就有限。另外一些指标在衡量社会进步方面拥有重要作用，研究领域近年来的进展也使生活质量的至少某些方面有了可信的新衡量标准。这些衡量标准尽管不能取代传统的经济指标，但却提供了一个丰富政策讨论、增进人们对自身所在社区情况的认识的机会。如今，它们还有从研究领域进入常规统计实践的潜力。委员会在这个领域的建议可以概括如下：

建议1：对主观幸福的衡量提供了有关人们生活质量的关键信息。统计局应该在它们自己的调查中收入了解人们的生活评价、享乐体验和优先事务的问题。

研究已表明，搜集有关主观幸福的有意义并且可靠的数据是可能的。主观幸福包含了不同的方面（对个人生活的认知性评价，喜悦和自豪等正面情感，痛苦和忧虑等负面情感），其中每个方面都应该单独衡量，以便获得对人们生活的更为全面的了解。对这些主观方面的量化衡量标准不仅有望帮助人们较好地衡量生活质量本身，还有望帮助人们更好地理解除收入和物质条件之外的生活质量决定因素。尽管一直存在许多未获解决的问题，这些主观衡量标准提供了有关生活质量的重要信息。因此，在小规模的非官方调查中证明了自身价值的那些问题类型应该被收入到官方统计局开展的大型调查中。

建议2：生活质量也取决于人们的客观条件和机会。应该采取措施来改善对人们的健康、教育、个人活动、政治发言权、社会关系、环境条件以及安全状况的衡量。

跟生活质量评估相关的信息不仅包括人们的自述和感觉，还包括对其功能性活动和自由的衡量。尽管这些特征的确切名单不可避免地取决于价值判断，但有一点得到了普遍认同，那就是生活质量取决于人们的健康和教育、他们的日常活动（其中包括获得体面的工作和住房的权利）、他们对政治进程的参与、他们生活的社会和自然环境以及影响他们的人身和经济安全的因素。所有这些特征的衡量既需要客观数据，也需要主观数据。在所有这些领域，研究者面临的挑战是如何在已取得成果的基础上进一步改善，找出可获得的信息中存在的缺口，在可获得的指标仍然不足的领域（例如时间的使用情况）投资于统计能力。

建议3：生活质量指标应该在其涵盖的各个维度中全面评估不平等。

人类境况的不平等是生活质量的任何跨国评估和跨时间评估中不可分割的一部分。生活质量的各个维度都需要有适当的衡量不平等的尺度，其中每个衡量尺度本身都意义重大，没有哪个衡量尺度拥有凌驾于其他衡量尺度之上的绝对优先权。应该对不同的人、社会经济群体和世代之间的不平等进行评估，并特别关注较近期出现的不平等，例如跟移民有关的不平等。

建议4：应该设计一些调查来评估对每个人来说生活质量各个领域之间的联系，并应在设计各个领域的政策时利用这些信息。

解决如下问题至关重要：生活质量的某个领域的发展如何影响其他领域，所有这些领域的发展跟收入有何关系。这一点之所以重要，是因为多重劣势给生活质量造成的后果远远超过它们各自影响的和。要想开发对这些累积效应的衡量标准，就必须通过专门的调查，获得生活质量最显著的那些特征在一个国家的所有国民当中 "共同分布" 的信息。另外，还可以在所有调查中收入一些标准问题，从而依据有限的一组特征将受调查者分类。在设计特定领域的政策时，应该综合考虑跟生活质量的不同维度相关的指标，分析不同维度之间的互动以及在多个领域居于劣势的人们的需要。

建议5：统计局应该提供将生活质量的不同维度聚合所需要的信息，允许人们建构不同的标量指数。

尽管评估生活质量需要多元化的指标，人们对开发单独的一个标量衡量标准还是有强劲需求。根据针对的问题和采用的方法的不同，可以有几种衡量生活质量的标量标准。其中有些衡量标准目前已在使用中，例如某个国家整体而言的平均生活满意度，或者将不同领域的平均值聚合起来的复合指数，如人类发展指数。如果国家统计系统进行必要的投资、提供计算所需的数据，其他一些衡量标准也可能得到执行。这其中包括一个人报告的最强烈情感为负面情感的时间所占的比例、以人们生活的各种客观特征的发生频率和严重性为基础的衡量标准以及以人们的状况和偏好为基础的（等值收入）衡量标准。

# 第三章　可持续发展和环境

## 导言

　　本报告的前两章分别沿着能以货币单位概括的维度（第一章）和不那么容易转换为货币单位的维度（第二章），对当前幸福程度的衡量问题进行了详尽的探讨。

　　本章提出的可持续性问题属于不同性质的问题。可持续性问题提出了如下挑战：判断我们能否指望目前的幸福程度在未来一段时间或未来的世代至少得到维持，抑或最可能出现的情况是幸福程度将会下降。这不再是一个衡量现状的问题，而是要预测未来，这种预期性令前两章中已经遇到的困难进一步增大了。

尽管存在这些困难，研究者已就如何以量值形式衡量可持续性提出了许多方案，它们或是源自一些开创性的研究工作（例如诺德豪斯和托宾70年代的"可持续性的经济福利量"），或是承继了1987年布伦特兰报告和90年代初里约峰会所提供的强劲动力。本章将从对这些方案的简要回顾开始。我们将会看到，其中许多方案未能明确区分对当前福祉的衡量和对其可持续性的评估。简单说来，许多方案试图涵盖委员会的三个小组研究的所有三个维度，有时还试图用一个数字概括三个维度。委员会的做法与它们不一样，而且是很有理由的。我们坚定地相信，可持续性值得单独衡量，我们将在本章专门讨论严格意义上的可持续性问题。

这样的限制使我们可以专门探讨文献所谓的对可持续性以"财富"或"存量"为基础的研究方法。个中的理念是这样的：跟我们相比未来世代的幸福程度将取决于我们把什么样的资源传递给他们。这里涉及资源的许多不同形式。未来的幸福程度将取决于我们留给未来世代的可耗尽资源的存量有多大。它还将取决于我们将生命必需的其他所有可再生自然资源的量和质维持得怎么样。从经济学色彩更浓的角度来看，它也将取决于我们留给后人多少实物资本（机器和建筑），以及我们为后代的人力资本的建设投入了多少（主要是通过教育和研究方面的支出）。它还取决于我们传递给他们的制度的质量，这是又一种形式的"资本"，对维持人类社会的正常运转至关重要。

我们如何能够衡量自己是否会给后人留下或积累下足够多的上述资产？换言之，我们在什么时候可以说，我们目前的生活入不敷出？特别是，是否存在任何像这样的合理希望：我们能够用一个简单的数字来描述这一切，它能够像多年来国内生产总值衡量经济表现那样衡量可持续性？寻求这样的标准的原因之一是为了避免出现大量各说各话的数字。但是，如果我们想做到这一点，就必须把传递给未来世代的所有资源存量转换成一个共同的衡量尺度，无论它是不是货币性的尺度。

我们将颇为详细地讨论为何这样的目标看来过于雄心勃勃。对实物资本、人力资本或者某些在市场上交易的自然资源来说，将形形色色的项目聚总起来似乎在一定程度上是可能的。但是，对大多数自然资产来说，由于缺乏相关的市场价格，同时又高度不确定这些自然资产未来将与可持续性的其他维度如何相互影响，这项工作看来要复杂得多。因此，我们将提出一种务实的策略，将一个货币指标（它可以给我们发出有关经济可持续性的合理信号）与一组专门描述环境问题的实体指标相结合。我们提供了此类实体指标的一些例子，但最终，还是必须由其他领域的专家去选择其中最恰当的指标，之后再提交给公众讨论。

### 回顾

专门讨论如何衡量可持续性或可持续发展的文献浩如烟海，对此作一个简要的概括并非易事。我们将使用一种不完美但却简单的分类法，将它们分为：（1）兼顾各个方面的大型"仪表盘"；（2）复合指数；（3）以多少还算全面的方式校正GDP的指数；（4）主要侧重于衡量我们目前在多大程度上"过度消耗"我们的资源的指数。最后一个类别本身又分为许多种，因为我们将把像生态足迹和调整后的净储蓄这样迥异的指数归入其中。在我们看来，这些指数传递了截然不同的信息。

### "仪表盘"或指标组

仪表盘或指标组是研究可持续发展这个总的问

题的一种普遍方法。这种方法需要搜集和整理跟社会经济发展及其可持续性直接或间接相关的一系列指标。最近几十年来，国际组织在可持续性仪表盘的诞生方面发挥了重要作用，其中联合国作用显著。尤其值得一提的是，1992年的里约峰会通过了《21世纪议程》，议程的第40章请求签约国采集有关其行动和成

表3.1　审订后的欧洲可持续发展一级指标列表

| 主题 | 一级指标 |
| --- | --- |
| 1.社会经济发展 | 人均GDP增长率 |
| 2.可持续消费和生产 | 资源生产率 |
| 3.社会包容度 | 社会转移后的贫困风险率 |
| 4.人口变化 | 年长者就业率 |
| 5.公共卫生 | 健康生命年和出生时预期寿命 |
| 6.可持续的发展 | 温室气体总排放量 |
| | 可再生能源的消耗 |
| 7.可持续的交通 | 交通运输消耗的能源 |
| 8.自然资源 | 常见鸟类指数 |
| | 超出安全生物限度的捕鱼量 |
| 9.全球伙伴关系 | 官方发展援助（ODA） |

来源：欧洲统计局，2007年（http://epp.eurostat.ec.europa.eu/cache/ITY_OFFPUB/KS-77-07-115/EN/KS-77-07-115-EN.PDF）。

就的量化信息。

在欧洲理事会2001年通过它自己的《可持续发展战略》之后，经合组织和欧盟统计局（Eurostat）发起了其他一些构建可持续发展仪表盘的国际倡议。这个仪表盘目前的版本包括11个一级指标（参见表3.1）、33个二级指标和78个三级指标，其中二级和三级指标涵盖29个子主题。在开展这项国际性运动的同时，也出现了一些类似的全国性倡议，只不过略嫌零散。最近十年来，地方性倡议也大量涌现，有些是以《21世纪议程》提供的初始动力为基础的。

对使用者来说，这些浩如烟海的文献有一个最为显著的特征，那就是它们提出的指标种类极其繁多。其中有些非常全面——GDP增长仍然有它的一席之地，甚至还是欧洲仪表盘中排在第一位的指标——还有一些则远远更为具体，比如吸烟者占据总人口的比例。有些跟结果有关，有些则跟工具有关。有些指标与发展和可持续性二者的关系很容易看出来（比如，识字率对当前的幸福和未来的增长来说都很重要），但还有一些要么只跟当前的发展有关，要么只跟长期可持续性有关。甚至还有些项目跟二者的联系都很可疑，或至少只存在一些模糊的迹象：高生育率对可持续性来说是好事吗？对退休金的可持续性来说或许是好事，但对环境的可持续性来说或许不是。另外，它总是经济表现良好的一个信号吗？这很可能取决于我们认为生育率达到多少算是"高"，多少算是"低"。

这些仪表盘至少在两个方面是有价值的。第一，它们是任何可持续性分析的第一步，可持续性分析从本质上来说就是高度复杂的，因此必须要制订一个相关变量的列表，并鼓励各国以及国际统计机构改进对这些指标的衡量。第二点跟"弱"可持续性和"强"可持续性之间的区别有关。"弱"可持续性视角认为，某些维度的良好表现可以弥补其他维度的糟糕表现。这就使人们可以利用单维指数对可持续性作全球评估。"强"可持续性视角则认为，可持续性要求我们分别维持许多不同的环境项目的量或质，因此就必须有分别统计的多组数据，每组都跟全球可持续性的某一个子域有关。

不过，异质性也给仪表盘带来了问题，至少非常大规模的综合性仪表盘是这样。大多数仪表盘缺乏表明所使用指标的因果联系、它们与可持续性的关系以及/或者指标之间的等级关系的证据。而且，作为传递信息的工具，它们经常遭受的批评之一是它们缺乏令GDP大获成功的特性：单独的一个可用作新闻标题的数字具有强大的吸引力，人们因此可以将不同时间段或不同国家的社会经济表现简单加以比较。

## 复合指数

复合指数是避免内容丰富的仪表盘引发的问题、将据信相关的大量信息合成一个数字的一种方法。技术性报告评估了其中一些指数。

例如，奥斯贝格和夏普的"经济幸福指数"是一个同时涵盖当前的繁荣程度（依据对消费的衡量）、可持续的积累和社会性议题（不平等的减少和防范"社会"风险的保障措施）的复合指标。对环境问题的衡量是通过考察人均二氧化碳排放成本。消费流量和财富积累（其定义很广泛，包括研发存量、人力资本的一个替代量和二氧化碳排放成本）根据国民账户方法进行评估。每个维度的数据都通过线性缩放（涵盖9个经合组织国家）规范化，并按照相同的权重进行聚合。但在目前这个阶段，该指数的"绿色"性仍居次要位置。

其他一些例子则更明确地侧重绿色性，例如"环境可持续性指数（Environmental Sustainability Index, ESI）"和"环境绩效指数（Environmental

Performance Index, EPI）"。ESI涵盖5个领域：环境体系（它们的全球健康状况），环境压力（人类给环境体系造成的压力），人类的脆弱性（居民受环境扰动影响的程度），社会和机构能力（它们采取措施有效应对环境挑战的能力）以及全球管理能力（在处理共同的环境问题时与其他国家的合作）。它使用了76个变量来涵盖上述5个领域。举例来说，其中有评估空气质量和水质（例如二氧化硫和氮氧化物含量）、健康参数（例如呼吸道疾病导致的婴儿死亡率）和环境治理（例如每百万人拥有的21世纪议程地方性倡议的数量）等等的标准指标。EPI是ESI的一种简化形式，基于16个指标（结果）之上，而且更加以政策为导向。

从这类指数中得出的信息是含混模糊的。各国的全球排名具有一定意义，但人们经常认为，就发达国家在环境问题中扮演的角色而言，它提供的看法过度乐观。发达国家之间的比较也出现了问题。例如，尽管美国和法国的二氧化碳排放量相差很大，从指数来看二者之间的差距非常小。事实上，这个指数主要是让我们知道当前的环境质量、资源所承受的压力以及环境政策的力度等综合情况，而不是一个国家是否真的走在可持续发展的道路上：无法定义任何一个阈值，高于或低于这个阈值我们就可以说某个国家是否走在可持续的道路上。

总体而言，我们不如把这些复合指标看做一种邀请，邀请我们更仔细地审视指标背后的各个组成部分。复合指标的这种功能经常被列为它们存在的一大理由。但这个理由其实不足以让它们继续充当能够与GDP或其他核算概念享受同等地位的、严格意义上的可持续性衡量指标。这样说有两个原因。首先，跟大型仪表盘一样，复合指标缺乏对可持续性的含义的明确定义。其次，复合指标经常要面对如下的一般性批评：将其各种构成要素加权的程序过于随意。有时，研究者称这些聚总程序优于用来构建大多数经济指数的货币性聚总，因为它们不涉及任何形式的市场估值。事实上（我们以后也会多次提到这一点），在研究可持续问题，更具体地说是研究可持续问题的环境构成要素时，我们有许多个不能信任市场价值的理由。但是不管涉及货币与否，聚总程序总是意味着要给指数中涵盖的项目赋予相对值。就可持续性的复合指标而言，我们不太理解给各种影响可持续性的不同变量赋予这一个或那一个相对值的理由何在。问题并不在于这些加权的程序是隐匿的、不透明的或不可复制的——指数的创始人往往对这些程序作了非常明确的陈述，这正是这些文献的优点之一。真正的问题在于，它们的规范性含义很少得到明确阐述或证明。

## 调整后的GDP

衡量可持续性的另一些候选标准仍是以传统的
GDP概念为起点，但试图使用标准GDP没有纳入但对
可持续性有影响的要素加以系统性的扩大或修正。

诺德豪斯和托宾提出的"可持续的经济福利量"
（Sustainable Measure of Economic Welfare, SMEW）或
可视为这个流派共同的鼻祖。他们提供了两个指标。第
一个是"经济福利量"（Measure of Economic Welfare,
MEW），计算方法是从私人消费总量中扣除若干对
福利没有积极作用的因素（例如上下班通勤和法律服
务），增加对福利有积极作用的活动的货币估值（例如
休闲和在家上班）。第二步是通过考虑总财富的变化把
MEW转变成SMEW。SMEW衡量的是有助于保持资本
存量的MEW的水平。为了将MEW转变成SMEW，诺德
豪斯和托宾使用了公共财富和私人财富总量估计值，其
中包括可再生资本、不可再生资本（仅限于土地和净外
国资产）、教育资本（以劳动力大军接受多年教育的累
积成本为基础）和健康资本，依据的方法是年折旧率为
20%的永续盘存法。但他们最终没有把环境破坏或自然

资源耗减的估计值收入进来。

这种开创性的研究后来发展出了两个流派。第一种试图丰富诺德豪斯和托宾的方法，有时日益严重地偏离了会计的一致性原则。这方面的实例包括可持续经济福利指数（Index of Sustainable Economic Welfare, ISEW）和真实发展指标（Genuine Progress Indicator, GPI）。这些指标从消费中扣减对水、空气和噪音污染的成本的某些估计值，同时试图把湿地、农田和原始森林的减少、其他自然资源的损耗以及二氧化碳的破坏和臭氧的减少纳入考虑。自然资源损耗的估值乃是通过衡量生成永久等值的可再生替代物所需要的投资。

在所有兼具ISEW和GPI数据的国家，这两个数值都很相似，并从某个时间点开始偏离GDP的走势。这使得一些研究者提出所谓的"阀值"假说，根据这种假说，在抵达某个点之前，GDP和福利是朝着同一个方向移动，但超过这个点之后GDP的继续增长不容许福利有任何进一步的改善。换句话说，根据这样的指标，可持续性已经被我们远远抛在后面，我们已经进入了衰退阶段。

另一个流派则更紧密地融入了国民核算领域。它建立在所谓的环境与经济核算体系（System of Environmental Economic Accounting, SEEA）之上。

SEEA是国民账户体系（Standard National Accounts, SNA）的卫星账户，它把经济和环境信息综合在一个共同的框架之下，以便衡量环境给经济作出的贡献以及经济给环境造成的影响。成立于2005年的联合国环境与经济核算专家委员会（The UN Committee of Experts on Environmental-Economic Accounting, UNCEEA）目前正努力将环境与经济核算主流化，希望到2010年时将SEEA确立为国际统计标准，并促进SEEA在各国的执行。

SEEA由4类账户组成。第一类考虑的纯粹是跟物资流动（投入经济的物资以及产生的废物）和能源有关的实体数据，并尽可能地按照SNA核算体系将它们整理归类。第二类账户包括现有的SNA中与妥善管理环境相关的那些内容，它使跟环境相关的交易变得更加明晰。第三类账户是以实体和货币形式来衡量的环境资产的账户（例如木材存量账户）。

SEEA的这三类账户是任何形式的可持续性指标的构成要素。但是，这里关键的乃是第四类亦即最后一类SEEA账户，它涉及的问题是现有的SNA或许可以如何调整，以便把经济对环境的影响纳入考虑（纯粹以货币的形式来衡量）。研究者考虑的是三种调整：跟资源消耗有关的调整，跟所谓的防御性支出（环保支出是其中最具代表性的）有关的调整，以及跟环境恶化有关的调整。

现有SNA账户的上述环境性调整有一个更广为人知的名称，那就是"绿色GDP"这个相当笼统的说法，它是国内生产净值（NDP）概念的延伸。事实上，正如通过扣除固定资本的消耗（产出资本的贬值）将GDP（总值）转化成NDP（净值）那样，个中的想法是，扣除自然资本的消耗以计算"经过环境调整的NDP"将很有意义。自然资本的消耗将包括资源的损耗（过度利用环境资产作为生产过程中的投入）和环境的恶化（大致说来就是某种资源质量下降所对应的价值）。

不过，由于这两个概念引发了诸多问题，绿色GDP和经过环境调整的NDP仍然是SEEA争议最大的产物，也因此较少被统计局执行。给经济体系中的环境投入估值是（相对）较容易的一步。既然这些投入已融入市场上出售的产品当中，根据市场原则直接赋予它们一个价值（从原则上说）是可能的。与之形成对比的是，因为污染排放是产出，没有给它们赋值的直接方式。一切估值的间接手段都在某种程度上取决于"如果……将会怎么样"的假设。因此，把对环境恶化的估值转变成宏观经济总量的调整值意味着我们要超越事后核算的范围，面对假想色彩远远更浓的局面。正是因为这种核算的猜测性质，许多会计师才对这种做法感到极为不安并强烈予以抵制。

但是，绿色GDP还有一个更根本的问题，而诺德豪斯和托宾的SMEW以及ISEW/GNI指数也是如此。这些衡量标准没有一个描述了可持续性本身。绿色GDP仅仅是从GDP中扣除了环境资源的消耗或所受的损害。这只是可持续性问题的答案的一部分。我们最终需要的是对我们距离这些可持续目标有多远的评估。换言之，我们需要的是对过度消费——或者换一种表达方式，投资不足——的衡量。这正是我们的最后一类指标的目标。

## 专门衡量过度消费或投资不足的指标

在这一节，我们把所有通过衡量过度消费、投资不足或资源承受的过度压力来讨论可持续性问题的指标汇总在一起。尽管这样的指标往往是以流量的形式出现，它们建立在如下假定的基础之上：某些跟可持续性相关的存量与研究者衡量的流量——也就是被传递给未来世代并决定其机会集合的存量——是一致的。与GDP及其他总值一样，如果想用一个数字来完成这项工作，那就需要选择一种衡量尺度以及一个明晰的计算这些存量及其变化情况的聚总程序。

### 调整后的净储蓄

调整后的净储蓄（Adjusted Net Savings, ANS, 也被称做真实储蓄或真实投资）是一个建立在绿色国民账户的概念之上，但从存量或财富而不是收入或消费流量的角度重塑了这些概念的可持续性指标。它的理论基础是如下观点：可持续性需要维持一个稳定的"广义财富"存量，广义财富并不局限于自然资源，还包括传统国民账户所衡量的有形的生产性资本以及人力资本。调整后的净储蓄被定义为在给定的一段时间（例如一年）内这种财富总额的变化。显然，这一概念看来是可持续性理念恰当的经济学对应物，因为它不仅包括自然资源，而且也（至少在原则上）包括给未来世代提供至少跟当前世代同样大的机会集合所必需的其他那些要素。

在实际操作中，调整后的净储蓄是通过对标准国民经济核算中的国民储蓄总额进行4类调整计算出来的。首先，要扣除产出资产所消耗的资本的估值，以获得净国民储蓄。其次，将净国民储蓄与当前的教育支出相加，因为这是人力资本投资应有的价值（在标准国民经济核算中，这些支出被视做消费）。第三，要扣除各种自然资源损耗的估值，以体现自然资源开采导致的资产价值的下降。对资源损耗的估值是以计算资源租金为基础的。经济租金代表了某种给定的生产要素的"额外"收益。租金是通过计算全球价格和单位平均开采成本（包含资本的"正常"收益）之间的差额得出的。最后，要扣除二氧化碳排放给全球造成的污染损害。调整后的净储蓄率为负意味着"广义财富"在减少，从而发出了不可持续的警告。

与国民账户中标准的储蓄和投资值相比，这个指标怎么样？世界银行为法国和美国等发达国家计算的ANS显示，随着时间推移而发生的变化几乎完全是由总储蓄额推动的，而ANS和总储蓄额之间的差异主要是由于资本的消费和人力资本的累积。从指数来看，自然资本的改变只具有相对较小的影响。而且，从ANS数据来看，大多数发达国家走在可持续的道路上，而许多新兴国家或发展中国家并非如此。特别值得指出的一点是，按照这种衡量标准，大多数出口自然资源的国家都走在不可持续发展的道路上（图3.1）。

这种研究方法吸引了许多经济学家，因为它植根于一种明晰的理论框架之上。但是，实证计算目前所依

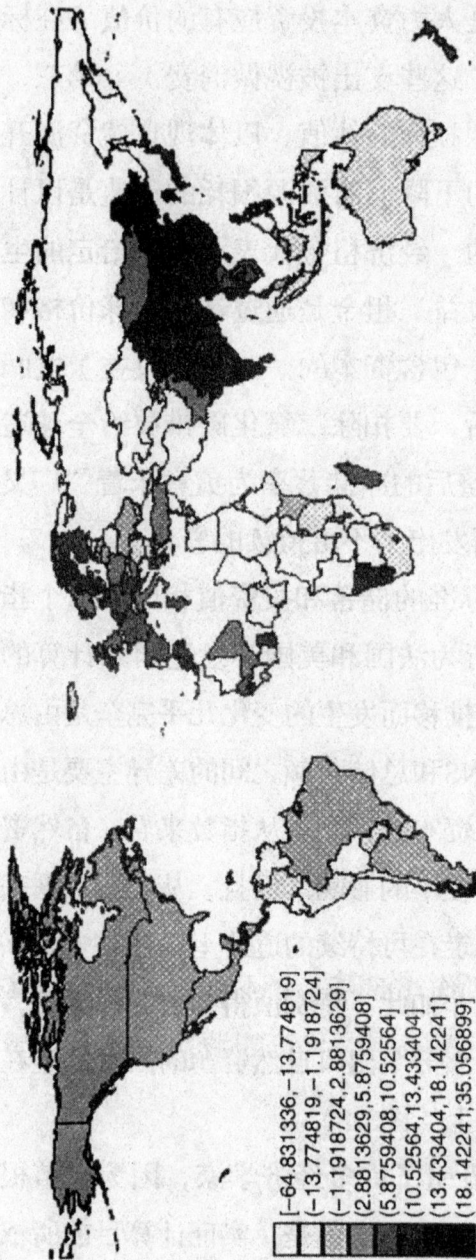

**图3.1 调整后的净储蓄的地理分布情况**

来源：世界银行，2006年数据。

注：国家或地区的排名是按照从最不可持续（白色）到最可持续（黑色）的顺序。不可持续可能是因为可耗尽资源的过度开采，也可能是因为对人力和实物资本投资过少。数据缺失的国家或地区未在图中绘出。

据的方法学有广为人知的缺陷：ANS方法的相关性在极大的程度上取决于计算的是什么（传给未来世代的不同形式的资本），也就是说，"广义财富"的概念包含了什么；同时也取决于在市场估值不完美或其实不存在的情况下用以计算和聚总的价格——这个问题我们在讨论复合指标使用的隐含价格时已经提到过。

　　事实上，ANS估值的一个重大缺陷是，针对环境恶化而做的调整仅仅局限于有限的一组污染物，其中最重要的是二氧化碳排放。ANS的创始者承认，这些计算并不包括导致环境恶化的其他重要因素，例如地下水的损耗、不可持续的渔业、土壤退化和生物多样性的进一步下降。

　　对那些被纳入考量的自然资产来说，定价方法仍然是最主要的问题。对于可耗尽的资源，世界银行在评估ANS时依据的是当前价格。在理论上，使用市场价格来评估流量和存量只在完美市场的前提下才行得通，而现实情况显然并非如此，尤其对自然资源来说并非如此，在这个领域外部因素和不确定性具有极其重要的作用。而且，近年来，化石能源及其他矿产品的市场价格往往会大幅波动，导致依据当前市场价格得出的ANS值也大幅摆动，这严重影响了ANS对相关国家的现实意义。

至于给环境的恶化定价，由于缺乏任何可充当起点的市场估价，问题变得甚至更加棘手。在理论上，我们必须评估所谓的"核算价格"，构建有关环境资本的给定变化所带来的长期后果及其对未来福利的影响的模型。但实际操作中存在相当大的问题。在当前的技术水平下，现有的ANS评估值中用以给二氧化碳排放估值的价格无法使碳排放在全球可持续性评估中起到任何重大作用，这种指标对政策的指导意义也因此受到怀疑。

最后一点，在计算各国的ANS时，我们忽视了可持续性的全球性。的确，在看到资源出口国（例如石油出口国）的ANS值所传递的信息时，人们可能感觉不安。在这些国家，从ANS的水平来看，不可持续性乃是因为开发自然资源所创造的收入的再投资率不足：进口国的"过度消费"根本不是问题。于是，发达国家（与发展中国家相比，它们通常自然资源没那么丰富但人力资本和实物资本更多）的可持续性就会"名超其实"。因此，有些研究者支持把可耗尽资源的消费算到最终的消费者，也就是进口国身上。如果可耗尽资源在国际市场上的售价充分体现了稀缺性，那的确没有理由进行这样的修正。然而，当价格并非取决于竞争时，进口国为进口商品支付的价格低于应有的价格；它将要为全球不可持续性承担责任，而这在它进口商品的货币价值中未能体现出来。低价允许这些国家过度消费，并把过度消费的长期成本转嫁给出口国。

## 足迹

尽管"足迹"与"广义财富"的概念显然大不相同，各种通过"足迹"来衡量可持续性的尝试也是从如下的一般性方法中受到了启发：将当前的消费流量以及它们对环境的某些维度的影响与现有存量进行比较。从这个意义上说，它们也可以被视为"财富"类衡量标准。但是，它们关注的重点完全是自然资本，其估值惯例也跟ANS方法不同，并未明确采用市场价格。

生态足迹（Ecological Footprint，以下简称EF）衡量人类活动（消费）耗费了生物圈的多少再生能力。它使用的衡量方法是计算为了维持给定人口的现有消费水平，需要多大面积的具有生物多产性的陆地和水域。一个国家的足迹（需求方面）就是为了生产它消费的粮食、纤维织物和木材，吸收它产生的废物并为其基础设施（建成区）提供空间所需要的总地域面积。在供应方面，生物承载力指的是生物圈的生产能力以及它为人类提供源源不断的生物资源和有用的服务的能力。

足迹的衡量结果现在已是广为人知，而且相当令人震惊：自上世纪80年代中期以来，人类的足迹一直大于地球的承载能力，在2003年，人类的总足迹超出地球的生物承载力大约25％。尽管世界范围内平均每人拥有1.8全球公顷，但欧洲的人均使用量为4.9全球公顷，北美则是欧洲的两倍，也就是说，远远超过这两个地理区域的实际生物承载力（参见图3.2）。

这个指标跟国民经济核算法有一个共同点，即都想把各种各样的要素简化为一个共同的衡量单位（全球公顷，也就是生产率相当于地球上112亿公顷生物生产面积的平均生产率的一公顷地域）。它假定不同形式的自然资本是可替代的，不同的自然资本商品能以土地面积的形式相加，但它强烈反对"弱"可持续性视角。事实上，这个指标根本不考虑储蓄和资本的累积：生态方面任何积极的盈余（超出生态足迹的生态承载力）都不会导致某种自然资本的存量增加以及随之而来的未来生产能力的提高。更加可以肯定的是，储存和积累人造资本或人力资本对可持续性没有帮助。另一方面，我们必须注意到，这个指标忽视了非可再生性资源（例如石油）的消耗对可持续性构成

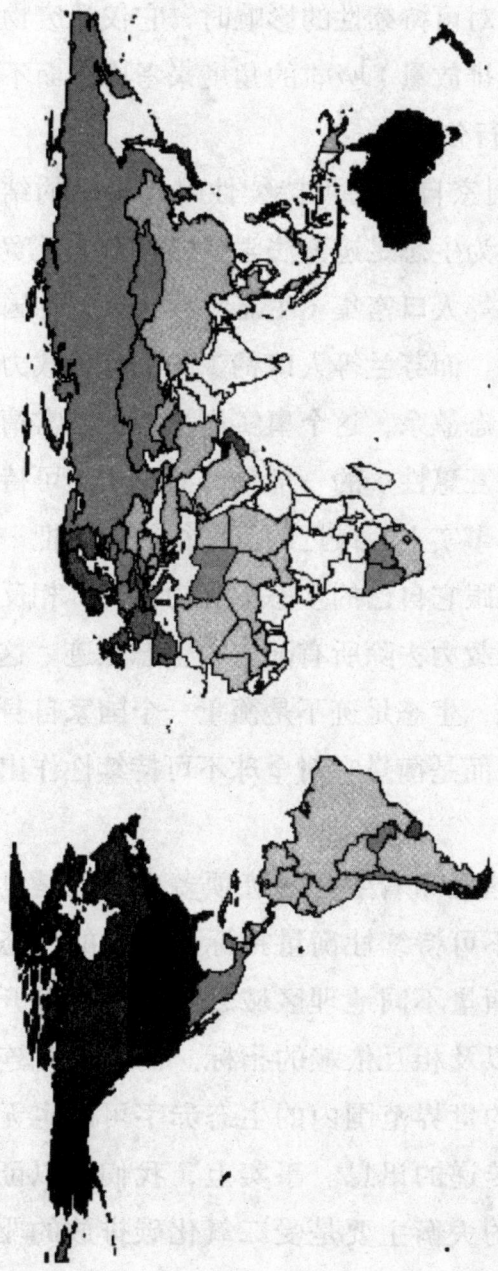

**图3.2 各国的生态足迹**

来源：全球生态足迹网络，2005年的数据

注：黑色区域代表生态足迹值最高的国家或地区，也就是对全球不可持续性贡献最大的国家或地区。数值缺失的国家或地区未在图中体现。

的威胁：在考虑其对可持续性的影响时，它仅从废物（暗含的二氧化碳排放量）吸收的角度来考虑，而不是依据消耗情况进行分析。

在衡量某个国家自身的可持续性时，得出的结果也颇成问题，因为生态足迹方法学包含固有的反贸易重大偏见。荷兰等人口密集（生态承载力低）的国家会出现生态赤字，而芬兰等人口稀少（生态承载力高）的国家会有生态盈余，这个事实可被视做正常情况（贸易具有互利互惠性）的一部分，而不是不可持续性的一个迹象。事实上，最近的研究往往不再把一个国家的生态足迹跟它自己的生态承载力相比，相反建议用全球生态承载力去除所有国家的生态足迹。这种做法等于是承认，生态足迹不是衡量一个国家自身可持续性的标准，而是衡量它对全球不可持续性作出的贡献的标准。

总的说来，这意味着生态足迹顶多也只能是世界范围内即时的不可持续性衡量指标。各国的生态足迹应该被用作衡量不同地理区域之间自然资源开发方面的不平等以及相互依赖的指标。而且，就连生态足迹所强调的世界范围内的生态赤字可能也无法传递它据称要传递的讯息。事实上，我们可以证明，世界范围内的失衡主要是受二氧化碳排放的驱动，它以储存二氧化碳需要多少公顷森林的形式来表现。根据定义，世界范围内耕地、建成区和牧场所承受的需求不可能超过世界生态承载力。

因此，包含内容没那么广泛但定义更为严格的足迹（例如碳足迹）看来是更合适的指标，因为它们是对存量的更显而易见的实体衡量指标，并不依赖对生产率或某个等值因素的特殊假定。从传递信息的角度来看，这样的指标也同样能够针对地球的吸收能力被过度利用发出强有力的信息。碳足迹也同样具有无论解聚到什么程度都可以计算的有趣特性。这使它成为监控个体参与者的行为的强有力工具。

## 以一致认可的方式量化可持续性：主要障碍是什么？

让我们概括一下到目前为止的主要信息。前一节介绍了现有的许多种量化可持续性的尝试。衡量标准众多是一个重大缺陷，因为不同的合成指标传递的是截然不同的信息。这在统计学家和决策者当中导致了极大的混乱。它促使我们回到根本问题：我们到底想要衡量什么？用单独的一个旗帜性标准来进行衡量的真正障碍是什么？

### 我们想要衡量什么?

自从布伦特兰报告（Brundtland Report）发表以来，可持续发展的理念已扩展为一个无所不包的概念，包含了当前和未来的经济、社会和环境福利的所有维度。这样的雄心壮志是正当的，但它涵盖了委员会的三个小组考虑的所有领域。我们环境/可持续性小组的使命比它要窄：它专注于"可持续发展"的"可持续"要素。这个持续性的问题可以用如下方式表述：假定我们已经能够评估当前的福利水平，问题就在于如果当前的趋势延续下去的话，当前的福利水平能否得以保持。

区分当前福利及其可持续性这两个概念看来是合理的，因为它们本身都是耐人寻味的问题。这便是理清本章前半部分回顾的许多不同方法的第一指南。

●衡量可持续发展的大型仪表盘事实上将当前福利的衡量与可持续性的衡量合并在了一起。这并不是说，仪表盘毫无用处。恰恰相反：我们最终的结论将是，对可持续性的单维认知无疑仍然不可企及，但是，我们确实希望最终得到有限的一组指标——一个

"微型"仪表盘，而且它专门讨论可持续性问题，建立在对可持续性的明确定义的基础之上。

● 复合指标引发了类似的问题，而且令情况更为复杂的是，不同项目的权重选择颇为随意，其后果很少得到明确阐述。

● 可持续的生活水平的衡量值，例如绿色GDP，同样也不足以评估可持续性。这样的可持续性指标必然会跟标准的GDP近似，由此可能引起混乱。如果有两个GDP指标，我们应该在什么背景下使用哪个指标？如果某个国家的绿色GDP占其标准定义的GDP的x%或y%，我们会得出什么结论？这一定暗示着这个国家走在不可持续的道路上吗？

事实上，绿色GDP强调的只是问题的一个方面，也就是衡量在不使环境枯竭的情况下每年能消费多少东西。这并没有告诉我们是否走在可持续的道路上。如果我们希望衡量可持续性，那就必须在真实产出和当前消费的概念之间作一个比较。因此，恰当的可持续性指数应该更类似于净投资或净投资缩减量的概念，这正是广义财富或ANS方法所代表的路线，但足迹指标也是在含蓄地沿循这个思路，它更明确地侧重于环境资产的更新或消耗。个中的逻辑是这样的：未来世代能否享受至少跟我们相同的福利水平，取决于我们能否传递给他们足够多的对福利有重要影响的各种资产。如果我们用"W"指代用以量化这种资源存量的"广义财富"指数，衡量可持续性就等于检验这个全球存量或它的某些组成部分是在进行正变化还是负变化，也就是说，计算它或它们当前的变化率，dW或dW$_i$。如果变化为负，这意味着消费或福利迟早要进行下行调整。这正是我们对"不可持续性"应有的理解。

在我们看来，对可持续性问题的如是阐述有可能为视角截然不同的人们提供展开富有建设性讨论所必需的共同语言。仅举一个例子，它彻底解决了环保主义者多年来对GDP的非议之一：生态灾难有可能因为它们对经济活动的隐含影响而使GDP提高。按照广义财富的衡量方法，生态灾难被记录为资本的毁灭。这就可以解释如下事实：生态灾难令可用于创造未来福利的资源减少，从而导致可持续性恶化。只有在采取某些行动修复损害之后，这样的结果才能避免，而这些行动会被计作积极的投资。

**用一个数字来概括可持续性：这现实吗？**

现在我们看到，ANS和足迹评估都受到了诸多非议，顶多也只能被视为真正衡量广义财富或其组成要素之变化的指数的替代物。回到问题的根本意味着我们必须询问，到底需要什么才能以令人满意的方式衡量前面提到的dW指数。先假定不存在衡量问题，我们必须进一步明确几个概念：需要持续的是什么？传递给未来世代的各种资产会如何影响福利的这个衡量值？它们相对彼此的权重应该是多少？

显然，更加棘手的是最后一个问题，它往往会使货币指标和实物指标的支持者之间的矛盾具体化。确实存在以货币为单位衡量所有事物的合理可能性吗？抑或我们应该接受事实，这只在某种程度上是可能的？

如果一切资产都是在完美的市场上由充分具有前瞻性的行为者来展开交易，在交易中充分考虑到未来世代的福利，那么我们可以说，资产当前的价格反映了它们对未来福利的未来贡献流的贴现值。但是，许多资产根本不在市场上交易，而就连那些在市场上交易的资产，由于市场的不完善、短视和不确定性，当前价格也不太可能充分反映这种着眼于未来的维度。这意味着可持续性真正的衡量尺度需要这样一个dW指数：在这个指数中，资产并不是按照市场价格估值，而是依据某些客观的实物或经济模型（模拟未来对环境的破坏将如何影响福利，同时也准确评估当前人力或实物资本存量的增加很可能怎样改善或帮助维持未来的福利）被赋予"核算价格"。

最近的研究已明确了这种评估的必要条件。其一是完整的一组对初始条件将如何决定经济、社会和环境变量未来共同的发展道路的经济和实物预测。另一个必要条件是对这条发展道路在未来所有时间点与福利之间对应关系的推理性定义，也就是说，需要掌握社会效用函数，通常被形式化为未来所有时期的福利的贴现值。

拥有这些工具之后，应该就有可能得出具备应有的种种特性（也就是预期未来福利是否会降到当前水平以下的能力）的可持续性指数。技术性报告中提议的一些模拟指数展示了这种能力的某些方面。首先，这种可持续性指数最适于向由于产出资本（无论是人力还是实物资本）累积率或更新率不足而走在不可持续道路上的国家发出正确的预警。这当然也是一种重要特性：即使环境问题相当重要，我们也不能忽视可持续性的其他这些维度。

第二，这样的指标只有在依赖自然和非自然资产的固定价格水平时才会跟"强"不可持续性视角（也就是说，对人类的幸福甚或生存至关重要的环境资产的贬值导致了问题）不一致。但是，如果我们能从一个以可信的方式预测经济和环境之间未来互动的实物－经济模型中得出这个指数，那这个指数将通过这些重要自然资产的相对核算价格或"估算"价格的大幅上涨，向我们发出有关不可持续性的正确预警。

但问题就在于这些"如果"。这个构建过程仍然纯粹是理论性的。它顶多向我们指示了构建指数者可能的努力方向。它也可以被用作一种工具，用来凸显构建一个综合性指数所面临的许多障碍以及寻找更为务实的次优解决方案的必要性。

## 技术不确定性令综合性方法更受青睐

单用一个dW指数来衡量可持续性仅在两个巩固前提下才行得通：一是可以完美地预测未来的生态环境发展，另一个是对这些发展将如何影响福利有完美的了解。这两个前提显然跟我们的现实情况不符。有关生态环境视角的讨论充斥着对生态环境和福利之间未来互动的无知和不确定性，此外对这个目标函数的定义本身也缺乏共识。

让我们简要地谈谈第一点。未来从根本上说是不确定的。不确定性有多种形式，其中有些可通过概率计算来控制，而其他许多不确定性则远远更为彻底。

这不仅影响到我们可能想用来预测生态环境互动的任何模型的参数，也影响到模型本身的结构和当前存量的衡量，甚至还影响到需考虑当前和未来存量的自然资产的名单。大多数有关长期环境变化的讨论都折射出对未来生态环境形势的不同看法。没有理由认为在衡量可持续性时应该可以避开这些困难。

针对这个问题，研究者或许可以考虑一些解决方案。其一是做所有预测者在想强调未来趋势的不确定性时都会做的事情，那就是研究各种假想情形或提供置信区间。我们也可以考虑提交指数进行某种形式的"压力测试"，也就是说，在假定资产价值受到外部冲击的情况下重新计算这些指数。这可能包括环境资产的价值突然出现上行调整，但也可能包括其他一些项目——例如产出资本和人力资本——的大幅贬值。可以探讨并最终采纳这样的表现方式。

但这可能还是不足以或不容易以一种便捷的方式表现可持续性。诸如气候变化之类的问题要求我们给予特殊的考虑，驱使我们重新回到弱可持续性和强可持续性之间的区别。问题的关键并不在于综合指数从本质上看无法解释强不可持续性的情况。问题的关键在于，我们只有在采用对关键环境资产的极端估值之后才能解释强不可持续性，我们也没有很好的工具来精确量化这些极端估值应该是多少。在这样的情况下，尤其是对就连一个猜测的货币价值都没有的项目来说，单独进行实物核算是不可避免的。

　　接下来的问题在于如何以令人信服的方式呈现这样的指数。货币指数的优势在于它使用的单位人人都能理解。而且，可以把它们跟其他货币量值联系起来：我们在计算广义储蓄率时就是这样做的，这种储蓄率的数量级很容易理解。另一方面，如果我们在每年能排放多少吨二氧化碳而不对气候造成严重后果方面缺乏某种参照的话，一吨二氧化碳排放不是一个很让人明白的数字。气候专家也倡导过其他一些实物指标，包括"二氧化碳的辐射强迫"，用它们来衡量二氧化碳对地球能源失衡的影响和永久冰层的消退。但是，对非内行人士来说理解这些指标的含义并不容易。如果我们想让指标对讨论有影响，寻找一些提示性更强的方式来凸显这类数字是至关重要的。生态足迹的重大成功之一在于它能够以一种易于理解的单位来表达环境承受的压力。生态足迹指标也有其局限性，并因此受到许多观察家的置疑。但是，考虑到限制气候变化的目标，使用足迹作为通用单位来衡量人类给地球的再生能力施加的不同形式的压力——这种总的理念不失为一个选择。诸如此类的衡量尺度已得到使用，比如关注面更窄的"碳足迹"概念或类似的二氧化碳预算概念。

## 不确定性也是一种规范

除技术性问题之外，用单独一个指数来衡量可持续性还将使我们面临严重的规范性问题。关键在于，我们想让什么持续这个问题有多少规范性定义，就可能有多少个可持续性指数。在标准的国民核算实践中，定义偏好这个规范性问题通常通过如下方式避免：假定观察到的价格反映了人们真正的偏好。因此，统计学家无须做出任何明确的规范性选择。但是，一旦我们认识到市场价格并不可信，就必须计算出作为替代的估算价格，后者将在很大程度上依赖于规范性选择。

我们能解决这个规范性问题吗？可以试图利用实证方法来解决它，即通过条件价值评估或直接衡量环境条件对主观幸福指数的影响，根据目前观察到的相对经济因素而言人们对环境因素的重视程度来推断对幸福的定义。然而，我们能够用今天特定的生态环境背景下确立的条件估值和主观衡量标准来预测可能大相径庭的生态环境背景下未来世代的估值吗？有理由认为，我们的后人可能变得对某些环境商品的相对稀缺非常敏感，而这些环境商品是我们今天不太关注的，因为它们仍然相对充裕。这就要求我们立即赋予这些项目较高的价值，因为我们认为未来世代可能会想要这样做。

　　此类规范性问题的另一个实例是决定可持续性指数应该如何聚总个体的偏好。这取决于我们在衡量当前的福利时，是如何把分配问题纳入考虑的。举例来说，如果我们认为当前福利的旗帜性指标应该是最底层80％（或者最底层50％）的人口的可支配收入总额而不是全球可支配收入总额，那么，可持续性指标就应该针对这样的目标函数做出调整。这与布伦特兰的可持续性定义中往往被忽视的一个方面是一致的，也就是说，可持续性不仅仅关注世代之间的资源分配，而且关注世代之内的资源分配。各国之内的不平等程度往往会自然而然地增大，在这种情况下，有关可持续性的讯息将因为我们给自己设定的目标不同而不同。对分配问题的特别关注甚至可能意味着需要扩大对可持续性有重要影响的资本商品的名单：对总人口中最底层的X％的人来说，福利的"可持续性"可能意味着需要进行一些特定的投资，建设能提供有效的帮助、保护这些人免受贫困之苦的机制。从原则上说，基于广义财富之上的理论框架告诉了我们，在理想状况下我们可以如何赋予这种"机制"投资一定的价值。但是，不用说，相对其他资产而言，真能这样做的可能性甚至更加微小。

### 复杂性的另一个来源：全球维度

全球背景给可持续性指标造成了额外的问题。ANS的倡导者说，即便最终消费资源的乃是发达国家，可持续性问题通常集中在贫困的资源出口国。他们的论点是，如果市场正确运作的话，发达国家对其他国家的资源施加的压力已经体现在它们为进口这些资源而支付的价格中。如果发达国家在承担了进口的成本之后仍然能够维持ANS为正值，这意味着它们进行了足够多的投资来弥补它们消耗的自然资源。因此，如果出口国也想走在可持续的道路上，它们就理应承担拿出足够多的出口收入来重新投资的责任。

然而，这种逻辑仅在假定市场富有效率的情况下成立。如果市场缺乏效率，自然资源定价过低，那么进口国就从隐含的补贴中受益，而出口国其实等于被强行征税。这意味着发达国家的实际可持续性被高估，发展中国家的实际可持续性则被低估。而在根本没有市场或者存在强有力的外部因素的情况下，这个问题将会变得甚至更加关键。

为了阐释这个问题，让我们假想一种非常简单的两国情况。两个国家都进行生产和消费，对某种自然资源的存量造成外部影响，这种自然资源是可自由获取的全球性公共商品。国家B使用的是清洁的技术，对自然资源没有影响，而国家A使用"肮脏的"技术，会导致资源贬值。让我们把这种不对称性再推进一步，假定只有国家B会因为环境商品的恶化而受影响。国家A完全不受这种环境商品的恶化程度的影响，因为（举例来说）它的地理特性给它提供了充分的保护，使它不必承担后果。

在这样的情况下，将国家A和国家B分别重新定义为"污染国"和"受污染国"是很自然的。在这一背景下，有两种方式来探讨可持续性。其一是利用这种自然资源在各国特定的核算价格来计算各国广义财富的变化。个中的理念是这样的：环境商品是一种公共资产，但每个国家对它的估价不同，因为它的恶化对各国的影响不同。在这个例子中，对污染国来说核算价格将是零，因为我们已假定它根本不受环境变化的影响，这意味着它认为这种环境资产完全没有价值。另一方面，受污染国将赋予这种环境资产正的价值。使用这种广义财富概念所传递的信息便是：污染国走在可持续的道路上，而受污染国并非如此。

从某种角度来说，的确，污染国并不面临着福利减少的前景，这跟受污染国形成了对比。但从另一个角度来说，这种信息显然具有误导性。受污染国无法采取任何行动来恢复自身的可持续性。只有污染国技术的变革才可能帮助受污染国恢复可持续性。我们需要的就是可以传递这样的信息的指数。足迹指标之所以大受欢迎，正是因为如下事实：无论它们有什么其他的局限性，它们能够向决策者和公共舆论传递此类信息。这是又一个支持融合多种视角的综合性研究方法的理由。以各个国家的可持续性为中心的研究方法可能与可持续性的某些维度相关，但跟其他维度没有关系。全球变暖就是后一种情况的典范，因为气候变化的预期后果的分布非常不均匀，不一定跟一个国家的二氧化碳排放量有关。

## 结论

纵观全局，我们了解到了哪些东西，又能得出什么结论？这趟穿越可持续性指标世界的旅行略嫌漫长，我们也未能完全避开技术性问题。研究领域目前已经存在形形色色的衡量指标，我们也分析了很难以一种举世认同的方式确立可持续性的全面评估方法的原因。评估可持续性需要许多假定的前提和规范性选择，而各个国家采用的社会经济模式和环境模式之间存在的相互影响又令它进一步复杂化。这个问题确实非常复杂，比已经很复杂的衡量当前福利或经济表现的问题还要复杂。但是，我们还是要试着提出有限的一组建议，并将努力让这些建议尽可能地实用。

建议1：可持续性评估要求研究者在委员会推荐的全球仪表盘中设立一个明晰的子仪表盘。

可持续性问题对当前福利或经济表现问题具有补充性，必须单独考察。这个务必将二者分开的建议或许看似无关紧要，但它还是值得我们强调，因为有些研究方法未能采纳这一原则，最终发出的讯息令人困惑。那种试图用一个指标将这两个维度综合起来的做法造成的困惑最大。这一批评不仅适用于复合指数，而且也适用于绿色GDP的概念。打个比方说，当人们驾驶汽车时，将汽车的当前速度和油箱内剩余汽油量综合为一个数值的仪表不会对司机有任何帮助。这两个信息都十分关键，必须把它们展示在仪表盘截然不同、清晰可见的区域。

建议2：这个子仪表盘的所有组成部分的突出特性应该是告诉人们支撑人类福利的那些"存量"的变化。

为了衡量可持续性，我们需要的指标必须能向我们反映影响未来福利的不同要素其数量发生变化的迹象。以这样的方式来衡量可持续性迫使人们认识到，可持续性要求我们同时保持或增加几种"存量"：不仅仅是自然资源的量和质，还有人力资本、社会资本和实物资本的量和质。任何仅侧重其中某一部分的研究方法无法提供对可持续性的全面认识。

以这样的方式衡量可持续性也避免了许多有关传统国民账户指标所发出的信息的错误看法。举例来说，GDP经常受到的批评之一是，它把生态灾难归为经济上的幸事，因为修缮带来了额外的经济活动。对可持续性的存量研究方法显然避免了这种含混不清。灾难将被记录为自然资本或实物资本某种形式的贬值。它导致的任何经济活动的增加将只在如下意义上具有积极的价值：这些经济活动有助于恢复资本存量的初始值。

建议3：在这样的仪表盘中，衡量可持续性的货币指数有其一席之地，但在当前技术水平下，它应该仍然主要侧重于可持续性的经济方面。

接下来，可持续性的存量研究方法又可分为两种。一种只是分别研究各种存量的变化，目的是采取一切必要措施来阻止其下降或至少将之维持在某个关键的阀值以上，因为如果存量进一步降至低于阀值的水平将对未来的福利十分有害。另一种则试图用综合数字来概括所有的存量变化。

这正是所谓的"广义财富"方法或"调整后的储蓄"方法所沿循的路线，它们都认为需要把所有这些资产转换为一个货币等值物。我们讨论了这种方法的潜能，但也讨论了它的局限性。在某些条件下，它允许我们预见到多种形式的不可持续性，但要想具备这样的能力，要求是非常高的。这是因为这种方法所要求的聚总不能建立在市场价值的基础之上：对相当多的影响未来福利的资产来说，市场价格并不存在。而即便存在市场价格，也无法确保市场价格充分反映了这种资产对未来福利的重要性。在缺乏此类价格信息的情况下，我们不得不采用估算价格，于是就要面对规范性和信息方面的棘手问题。

这一切都建议我们坚持较为谨慎的做法，也就是说，只把货币聚总用于存在合理估值手段的项目，例如实物资本、人力资本和在市场上交易的自然资源。这多多少少跟由世界银行计算并得到数名学者进一步发展的"调整后的净储蓄"指标中确凿可靠的那部分内容相对应。当然，进一步将这个指数"绿化"是一个合理的目标，我们可以把它留在议事日程上，但我们知道，这样做所需要的分析性工具十分复杂：研究环境和经济之间的相互作用的大规模预测模型，预测相应资产的相对稀缺性的变化及其对相对核算价格的影响，并且可以正确处理影响这些相互作用的不确定性或潜在的不可逆性。与此同时，我们必须将这个指标主要应用于它相对擅长的领域，也就是说，对可持续性的"经济"要素的评估，亦即评估各国是否过度消费了自身的经济财富。

建议4：研究者应该依据一组精挑细选的实物指标对可持续性的环境方面单独进行追踪调查。

就环境可持续性而言，货币衡量方式的局限性并不意味着不再需要努力将环境所受的损害货币化：众所周知，完全反对任何形式的货币化往往会导致仿佛环境商品一钱不值的政策。关键在于，我们还远远不能为环境商品构建能在宏观层面上与其他资本资产的市场价格合理比较的货币价值。鉴于我们的无知状况，审慎原则要求我们对这些环境商品单独进行追踪调查。

单独调查的另一个原因是，这些环境问题往往跟全球公共商品有关，例如气候问题。在这样的情况下，标准的广义财富衡量方法的问题在于，它实质上专门讨论的是特定国家的可持续性。就全球公共商品而言，更相关的问题是不同国家对全球不可持续性作的"贡献"。

生态足迹本可以是此类跟踪调查的一个选择。尤其值得一提的是，跟调整后的净储蓄不同，它主要侧重各国对全球不可持续性的贡献，其讯息为主要责任在发达国家。不过，研究小组注意到了它的局限性，特别是这一点：它远远不是一个衡量环境所承受压力的纯实物指标，保留了一些可能成问题的聚总原则。事实上，它传递的有关各国对不可持续性的贡献的信息有很大一部分蕴涵在碳足迹这个更简单的指标中。因此，在技术性报告简要回顾的气候学家提出的许多衡量指标中，碳足迹是监控人类对气候的压力的一个很好的候选对象。

至于环境可持续性的其他方面，例如空气质

量、水质和生物多样性等等，我们可以再次借用那些大型综合性仪表盘。仅举几个已被收入此类仪表盘的指标为例，我们可以使用形成烟雾的污染物排放量、水系的营养负荷、关键的特定自然物种的丰富性、自然栖息地被转作其他用途的比例、超出安全生物限度的捕鱼比例以及其他许多指标。目前，在讨论的这个阶段，经济学家没有任何特殊的资格来就正确的选择提出建议。正是因为这个，我们不会在这里提出这些指标的任何既定名单。

简而言之，我们务实的折中办法是建议研究者采用一个小型仪表盘，它牢牢植根于对可持续性的"存量"研究方法的逻辑中，将以下内容结合起来：

●一个或多或少来自于广义财富研究方法的指标，在现有认识的基础上尽可能地"绿化"，但它的主要职能将是发出有关"经济"不可持续性的警告信息。这种经济不可持续性可能是因为储蓄率低或教育投资少，也可能是因为（对严重依赖化石资源作为收入来源的国家来说）开采化石资源所创造的收入的再投资比例不足。

●一组精挑细选的实物指标，它们侧重于环境可持续性中要么已经很重要，要么未来可能变得重要，但仍然难以用货币来代表的维度。

　　这样的结论跟近年来研究这个主题的其他报告的结论有几点共识，例如不久前UNECE/OECD/Eurostat/有关衡量可持续性的报告（其结论发布于2008年），或者更近的由法国经济、社会和环境委员会2009年发布的报告。更具体地说，第一份报告大力倡导以存量为基础的可持续性研究方法，提议建立一个小型仪表盘，明确区分能以合理方式货币化的资产和需要单独的实物衡量尺度的其他资产。第二份报告对生态足迹的局限性提出警告，在衡量气候变化这个问题上支持采用碳足迹指数。这样的共识令人感到心安：它们表明，在对可持续性问题的理解方面，我们正从相对混乱的局面稳步走向一个更普遍认同的框架（参见下面的专栏）。

### 实物指标和其他非货币指标：选择哪些？

　　委员会的总体立场一直是避免就它提出的不同问题中的任何一个制订明确的、面面俱到的提议。相反，一切提议的目的都在于激发进一步的讨论。在可持续性的实物指标领域情况尤其如此：在这个领域，来自其他行业的专家的专业技能至关重要，而在委员会的构成中这些技能只得到了间接代表。

不过，参考最近一些相关报告的结论，我们还是可以提出一些建议。

2008年，OECD/UNECE/Eurostat的一个工作组发布了一份探讨可持续发展的衡量的报告，报告传递的信息和我们的报告有几个共同点。它强烈建议采用以存量为基础的可持续性衡量方法，认为这是构建一个既搜集存量又搜集流量的可持续性指标微型仪表盘的恰当方式。它还建议在"经济"福利的决定因素（那些最直接地适用于货币性评估的因素）和"基础"福利的决定因素之间划出一条界线，在后者当中，有四对存量/流量环境指标专门用来衡量全球变暖、其他形式的大气污染、水质和生物多样性。以下表格展现了仪表盘中这些指标的详细情况和位置。

## UNECE/OECD/Eurostat可持续性衡量工作组提议的 小型可持续发展指标组

| 指标领域 | 存量指标 | 流量指标 |
|---|---|---|
| 基础福利 | 根据健康调整后的预期寿命 | 年龄段死亡率和发病率的变化指数 |
| | 受过中等教育以上的人口比例气温相对正常情况的偏差 | 中等教育以上入学率 温室气体排放 |
| | 地平面的臭氧和细微颗粒物浓度 | 烟雾型污染物的排放 |
| | 质量调整后水的可获得性 | 水系的营养负荷 |
| | 自然栖息地破碎化 | 被转做其他用途的自然栖息地 |
| 经济性福利 | 实际人均外国金融资产净持有量 | 实际人均外国金融资产投资 |
| | 实际人均产出资本 | 实际人均产出资本净投资 |
| | 实际人均人力资本 | 实际人均人力资本净投资 |
| | 实际人均自然资本 | 实际人均自然资本净损耗 |
| | 能源资源藏量 | 能源资源损耗 |
| | 矿产资源藏量 | 矿产资源损耗 |
| | 木材资源存量 | 木材资源损耗 |
| | 海洋资源存量 | 海洋资源损耗 |

来源：UNECE/OECD/Eurostat（2008年）

　　再后来，法国经济、社会和环境委员会（CESE）发布了一份报告，其初衷是评估生态足迹，但却更广泛地探讨了现有的量化可持续性的不同途径。与本报告一样，它指出这种生态足迹指数具有局限性，事实上该指数传递的中肯的信息大多都在其子要素之一——碳足迹当中得到了更直接也更清楚的体现。因此，该报告强烈支持使用碳足迹指数。跟前面介绍的OECD/UNECE/Eurostat仪表盘中提议的"全球温室气体排放"相比，碳足迹的优势在于它是以"足迹"为单位来表示，这一单位让人本能地感觉很受吸引，正是因为这一点生态足迹指标才大获成功。除此之外，CESE的这份报告提议应强调在大型的国际仪表盘中（例如为欧盟可持续发展战略而精心制作的那个仪表盘）业已存在的其他实物指标，其中有些就是OECD/UNECE/Eurostat仪表盘中已经提到的指标。

　　就衡量气候变化而言，也可以考虑其他一些指标。直接观察平均气温是一种可能性，但并非最适合的选择，因为它往往滞后于气候变化的主要构成因素，同时人们对气温上升的原因以及气温上升到底是永久性还是暂时性的总会存在分歧。因此，气候学家更喜欢使用一种热动力学概念——"二氧化碳的辐射强迫"，它衡量二氧化碳作为一种温室气体导致的地球能量失衡。

或者，也可以直接使用"二氧化碳剩余预算"的概念：据气候学家说，假如要把气温较之工业化前的水平上升2摄氏度的风险限制在1/4的话，可排入大气的二氧化碳上限为0.75万亿吨。气候学家基本都认为2摄氏度的上限是一个"引爆点"，将为不可阻挡的反馈效应（永冻土融化释放的甲烷，热带森林腐烂释放的二氧化碳和甲烷，已饱和且不断升温的海洋释放的各种温室气体，等等）打开大门。在这0.75万亿吨的总预算中，截至2008年的排放已经用掉了大约0.5万亿吨。因此，控制剩余的二氧化碳预算十分重要。这个指标的吸引力与以存量为基础的可持续性衡量方法高度一致。也可以换一种说法，用极富表现力的倒计时指数来加以表述：假定排放仍然保持当前的趋势，再过多长时间这个存量就将耗尽。这种表述往往也被用于其他形式的可耗竭资源。

全球变暖还有其他一些间接指标，比如永久冰的消退或海洋pH值。永久冰的消退这个指标的优势在于它是个先行指标，跟表露无遗的影响直接相关。海洋pH值会随着自然溶入海中的二氧化碳的增多而提高。pH值提高的结果之一是浮游植物减少，而浮游植物本身就是和森林同样重要的二氧化碳吸收器。因此，我们或许可以说，实体吸收器（溶解大气中的二氧化碳的海水）毁掉了生物吸收器。正是因为这个，海洋pH值看来是另一个不错的衡量气候变化的试验性指标，它体现了最恶劣的反馈效应之一。在各种指标中进行选择时，有两个标准尤其重要。一个是公众理解它们的难易程度，另一个是在国家层面甚至是国家内部的地区层面上降低它们的能力。从这个方面来看，碳足迹有相当多的优势。

至于生物多样性，在欧盟的倡议下TEEB（The Economics of Environment and Biodiversity，环境和生物多样性经济学）小组正在评估这个问题，而法国战略分析委员会最近的一项报告也探讨了这个问题，其目的是尽可能地推进这个维度的货币化。研究者之所以努力寻找货币等价物，主要是因为它可能促使人们在做投资选择时把这个维度纳入考虑：许多公共决策，例如修建一条新的公路，意味着生物多样性可能因为自然栖息地的破碎化而蒙受损失。但该报告也提供了一份非常详细的技术性评估，分析了现有的生物多样性实物指标，读者可参阅该报告以获取进一步的信息。

最后要说的一个重要问题并非环境问题，但仍是"非货币性"的，那就是我们传递给子孙后代的社会资本和"制度资产"的问题。读者肯定已经注意到，前面介绍的UNECE/OECD/Eurostat仪表盘没有提出任何此类的指标，这并不是因为这个问题不相干，而主要是因为在如何衡量方面缺乏共识。环境/可持续性小组无力进一步探讨这个问题，但朝着这个方向努力毫无疑问仍是必要的。

在使用此类仪表盘时必须注意一个次要问题。我们必须警告读者，任何一组有限的数字都不可能自诩有能力确定无疑地预测一个高度复杂的体系的可持续或不可持续性。仪表盘的目的是通过一组指标为不可持续风险较高的情形拉响"警报"。不过，不管我们怎么做，仪表盘和指数都只是故事的一部分。评估可持续性的大多数工作都致力于增进我们对经济和环境目前的相互影响以及未来可能的相互影响的了解。